中国高等职业教育
"走出去"的探索与实践

杜方敏　陈　慧◎著

The Exploration and Pratice of
"Going Out" of China's Higher Vocational Education

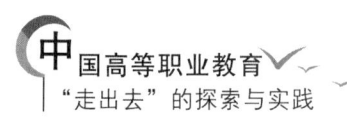

倡议实施培养所需各类人才，也为沿线国家发展培养所需人才。

2013年"一带一路"倡议提出以来，教育部等部门相继出台支持高等职业教育国际化发展的政策，教育部《高等职业教育创新发展行动计划（2015—2018年）》（职教成〔2015〕9号）对我国高等职业教育国际化指明了方向，高等职业教育要配合国家"一带一路"战略，助力优质产能走出去，扩大与"一带一路"沿线国家的职业教育合作，主动发掘和服务"走出去"企业的需求，培养具有国际视野、通晓国际规则的技术技能人才和中国企业海外生产经营需要的本土人才。2016年中共中央办公厅、国务院办公厅印发的《关于做好新时期教育对外开放工作的若干意见》明确指出，鼓励职业院校配合企业走出去，稳妥推进境外办学。可见，实现高等职业教育"走出去"是未来一段时期高等职业教育发展的主要任务和必然趋势。2020年教育部等部门印发的《职业教育提质培优行动计划（2020—2023年）》明确提出实施职业教育服务国际产能合作行动，加快培养国际产能合作急需人才，提升职业教育国际影响力，到国（境）外办学、与产能合作国远程教育培训合作，推进"中文＋职业技能"项目等工作任务，对中国职业教育"走出去"提出要求、指明方向。有鉴于此，中国高职院校积极探索职业教育"走出去"的新模式，将"走出去"作为内涵建设的新抓手，充分考虑输出国的职业教育需求，实施"走出去"策略，输出中国高等职业教育的经验和成果，助力"一带一路"建设。

当前，理论界对高等职业教育"走出去"战略的研究主要集中在三个方面：高等职业教育为什么"走出去"？在哪些方面"走出去"？怎样"走出去"？本书是根据广东农工商职业技术学院伴随企业"走出去"近20年国际化办学的实践而写的，旨在回答这三个问题，以期对已经

"走出去"和即将"走出去"的高职院校提供一定的借鉴。

本书共分为六章,第一章"机遇与挑战:高等职业教育'走出去'的时代选择",介绍了高等职业教育"走出去"的战略意义、目标价值和机遇挑战,回答了中国高等职业教育为什么"走出去";第二章"奠基与借鉴:高等职业教育'走出去'的国际经验",分别介绍了德国的双元制模式、美国的 CBE 模式、澳大利亚的 TAFE 模式和英国的 GNVQ 模式;第三章"省思与剖析:高等职业教育'走出去'的制约壁垒",从国际化与本土化难以共生共长、国家投入与教育保障互不兼容、顶层设计与区域政策内在冲突、刚性需求与内涵供给难以匹配四个方面分析了中国高等职业教育"走出去"存在的比较突出的问题;第四章"探索与创新:高等职业教育'走出去'的板块破冰",着重介绍了当前中国职业教育"走出去"的特色,职业标准"走出去"、中文+职业技能"走出去"、鲁班工坊——高等职业教育体系"走出去"。回答了中国高等职业教育在哪些方面"走出去";第五章"发展与超越:高等职业教育'走出去'的策略路径",回答了中国高等职业教育如何"走出去",包括加强国际化与本土化融合,消解"走出去"的隔阂;明确国外办学定位,把握"走出去"的方向;健全校企协同发展机制,形成"走出去"的合力;构建高等职业教育共同体,彰显"走出去"的影响力;强化内涵建设,增强"走出去"的内功;开拓资金渠道,降低"走出去"的风险等六个方面;第六章"示范与启示:高等职业教育'走出去'的广东实践",选取了笔者所工作的广东农工商职业技术学院和广州铁路职业技术学院、广东水利电力职业技术学院、广东建设职业技术学院、广州番禺职业技术学院、深圳信息职工技术学院等六所高职院校,重点介绍了这六所高职院校在"走出去"方面的典型经验,供兄弟

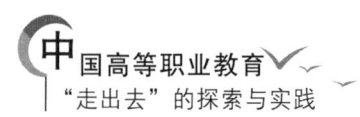

院校参考。其中，本书由杜方敏撰写了第一章、第三章；陈慧撰写了第四章、第五章；莫凡撰写了第二章；陈慧、卢丽红、刘殿兰、陈光荣、林红梅、张运生共同撰写了第六章。

本书系广东省2022年教育教学成果奖一等奖"五借五推：服务热带作物产业国际化人才培养的探索与实践"项目、广东省教育科学"十三五"规划2019年度高校哲学社会科学专项研究"'一带一路'倡议下职业教育'走出去'的实践探索"项目、广东省普通高校"'一带一路'倡议下高等职业教育社会服务国际化研究团队"项目、"'一带一路'视域下高等职业教育国际化战略构建与创新实践"项目等的研究成果。

本书的撰写得到了笔者所在单位广东农工商职业技术学院和广东省部分高职院校的大力支持，在此表示衷心的感谢。由于笔者学术视野的局限性，疏漏之处期盼读者不吝赐教。

杜方敏　陈　慧
2022年5月

目录 CONTENTS

第一章　机遇与挑战：高等职业教育"走出去"的时代选择
……………………………………………………………………（001）
　　第一节　高等职业教育"走出去"的战略意义……………（002）
　　第二节　高等职业教育"走出去"的目标价值……………（009）
　　第三节　高等职业教育"走出去"的机遇挑战……………（022）

第二章　奠基与借鉴：高等职业教育"走出去"的国际经验………
……………………………………………………………………（031）
　　第一节　德国的双元制………………………………………（032）
　　第二节　美国 CBE 模式 ……………………………………（040）
　　第三节　澳大利亚 TAFE 模式 ……………………………（045）
　　第四节　英国 GNVQ 教育模式 ……………………………（057）

第三章　省思与剖析：高等职业教育"走出去"的制约壁垒
……………………………………………………………………（065）
　　第一节　国际化与本土化难以共生共长……………………（066）
　　第二节　国家投入与教育保障互不兼容……………………（072）
　　第三节　顶层设计与区域政策内在冲突……………………（076）
　　第四节　刚性需求与内涵供给难以相配……………………（082）

第四章　探索与创新：高等职业教育"走出去"的板块破冰
……………………………………………………………………（091）

第一节 职业标准"走出去" ……………………………（092）
第二节 中文＋职业技能"走出去" ……………………（099）
第三节 鲁班工坊——高等职业教育体系"走出去" ………（103）

第五章 发展与超越：高等职业教育"走出去"的策略路径
…………………………………………………………（108）

第一节 加强国际化与本土化融合，消解"走出去"的隔阂 ……
…………………………………………………………（109）
第二节 明确国外办学定位，把握"走出去"的方向………（113）
第三节 健全校企协同发展机制，形成"走出去"的合力
…………………………………………………………（122）
第四节 构建高等职业教育共同体，彰显"走出去"的影响力
…………………………………………………………（136）
第五节 强化内涵建设，增强"走出去"的内功…………（143）
第六节 开拓资金渠道，降低"走出去"的风险…………（155）

第六章 示范与启示：高等职业教育"走出去"的广东实践
…………………………………………………………（161）

第一节 广东农工商职业技术学院实践成果……………（162）
第二节 广东水利电力职业技术学院实践成果…………（173）
第三节 广东建设职业技术学院实践成果………………（180）
第四节 深圳信息职业技术学院实践成果………………（185）
第五节 广州铁路职业技术学院实践成果………………（196）
第六节 广州番禺职业技术学院实践成果………………（203）

结　　语 ……………………………………………………（212）

参考文献 ……………………………………………………（214）

第一章　机遇与挑战：
高等职业教育"走出去"的时代选择

"一带一路"倡议为高等职业教育国际化发展提供了行动指南，提高高等职业教育国际化水平是提高中国高等职业教育质量和社会开放程度的必然选择，高等职业教育的国际化推动了高等职业教育"走出去"和"请进来"迈上新台阶，高素质、高技能人才的自由流动使高技能劳动力的国际迁移成为常态。中国高等职业教育在经历了 20 多年的规模扩张后，逐步进入了追求质量、注重内涵发展的阶段。然而，当前中国高等职业教育主办方和主要投资者由政府主导，因此，高职院校仍然缺乏足够的竞争意识和危机感，对于世界各国职业教育发展和竞争力的认识不足，高职院校主动进行自我革命与融入全球化的意识尚未充分觉醒，固化的利益格局仍缺乏外部的触动和刺激。推动高等职业教育"走出去"方面的政策与措施已经表明，中国高等职业教育"走出去"是必然趋势，也是不容置疑的国家战略。当前，中国教育现代化全面提速，教育对外开放持续深入，加强中国与"一带一路"沿线国家的高等职业教育交流与合作是当务之急，高等职业教育"走出去"正引起各界广泛关注。深入研究中国高等职业教育"走出去"的战略意义、目标价值、

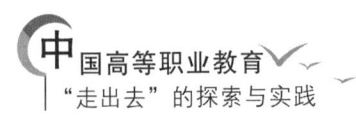

机遇挑战，对推动中国高等职业教育"走出去"和高质量发展具有一定的借鉴作用。

第一节 高等职业教育"走出去"的战略意义

"走出去"战略是中国政府为了"引进来"的双向开放向纵深发展、经济全球化新形势和国民经济发展做出的重大决策，是发展开放型经济和全面提高对外开放水平的重大举措，也是实现中国经济与社会长远发展、推动与世界各国共同发展的有效途径。《关于推动现代职业教育高质量发展的意见》指出，要服务国际产能合作，推动职业学校跟随中国企业走出去，这种产教融合、校企合作"组团出海"的模式是职业教育"走出去"的创新方式，也在很大程度上呼应了发展中国家对职业教育的需求。2020年《教育部等八部门关于加快和扩大新时代教育对外开放的意见》（以下简称《意见》）印发实施，加快推进《意见》贯彻落实，中国高等职业教育作为教育领域的重要组成部分责无旁贷。"一带一路"倡议涵盖了与沿线国家的区域政治、经济贸易、人文交流等多个领域的相互交流与合作，而交流与合作涉及的领域都离不开教育，尤其是高等职业教育所提供的人才支撑。高等职业教育"走出去"不仅能够提升海外劳动力的人力资本，还能为"一带一路"倡议培养专项技术人才，扩大中国高等职业教育的国际影响力。

第一章
机遇与挑战：高等职业教育"走出去"的时代选择

一、高等职业教育"走出去"，助力人类命运共同体的构建

（一）有利于促进"民心相通"

构建人类命运共同体的理念与全球共同利益相呼应。在人类命运共同体理念下，中国高等职业教育"走出去"不仅是中国经济社会发展、综合国力不断增强的客观需要，也是高等职业教育自身发展的重要举措。高等职业教育与经济社会发展的联系最为密切，是培养技术技能人才的重要途径。2016年，联合国发布的《2030年可持续发展议程》将职业教育作为重要内容。职业教育相比于其他类型的教育，更贴近和服务民生，职业教育以满足个人的就业需求和工作岗位的客观需要为目标，尤其对于不发达国家，职业教育发展水平更直接关系就业生存问题。中国高等职业教育"走出去"能够为合作国培养大批的应用技术型人才，提升就业竞争力。高等职业教育"走出去"，同时也将中国优质的高等职业教育资源和产品技术带出国门与世界分享，在职业教育领域搭建技能传播与人文交流的平台，促进民心相通，推动了更加紧密的人类命运共同体的构建。

（二）有利于加快与"一带一路"沿线国家合作办学的进程

"一带一路"倡议覆盖的合作领域广泛，沿线80多个国家和地区大部分高等职业教育比较薄弱、教育基础设施落后、产教融合程度低，对于高质量的高等职业教育具有比较强烈的需求，寻求合作的积极性也比较高。我国职业教育经过20多年的发展，目前已形成世界上规模最大的职业教育体系，和"一带一路"沿线国家相比较具有显著的优势。因此，高等职业教育"走出去"不仅能为沿线国家产业转型升级培养所需的人才，还能够开辟高等职业教育境外合作办学的广阔市场。

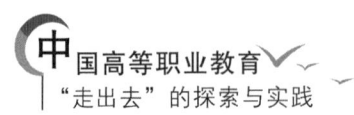

二、高等职业教育"走出去",促进国际化水平的提升

(一)有利于构建完善的"走出去"高等职业教育体系

自"十一五"规划以来,中国高等职业教育已经逐渐从规模式向内涵式转变发展。发达国家在提高职业教育质量方面的经验表明,高职院校需要聚集全社会各方力量,充分发挥利益相关方自身的资源优势。在复杂的国际市场中,人才是企业海外合作是否成功的关键因素,影响着企业的发展。因此,高职院校与企业共同发展能够深化产教融合,发挥人才优势增强跨区域合作,形成合力。此外,采用先进的管理方式,有助于促进中国高等职业教育提质增效。同时,现代高等职业教育体系建设要求对于未来的发展方向、发展模式的整体设计,覆盖了高等职业教育内部结构的优化,贯穿了终身教育学习和职业衔接类型的详细描述等,为高等职业教育外部合作形式以及制度政策保障指明了方向。现代高等职业教育体系顺应了"一带一路"国家的发展战略布局,同时,"一带一路"倡议也为建设开放型现代高等职业教育体系提供了有利的空间。

(二)有利于提升中国高等职业教育"走出去"的国际影响力

中国高等职业教育伴随企业"走出去",而在中国"走出去"产业输出的过程中,中国优秀的文化理念同时传递向了所到国家。在"一带一路"倡议的引领下,"中国建造""中国制造"逐渐赢得全球的赞誉,中国高铁、中国航空等陆续走向世界,除了先进的技术技能走向世界外,所传递的中国先进的职业教育理念、中华优秀的传统文化、"工匠精神"等逐渐被"一带一路"沿线国家的人民认同和接受,吸引了更多的发展中国家互学互鉴、合作共赢。

（三）有利于提升高职院校"走出去"的本领

随着"一带一路"倡议的实施，国际产能合作日益加深，众多"走出去"企业落地，有效地拉动了"一带一路"沿线国家对高质量高等职业教育的需求。大型的基础设施建设和区域性的贸易往来等都离不开高素质技术技能型人才，近年来，高职院校伴随企业"走出去"，和"一带一路"沿线国家的高等职业教育互学互鉴、传播和传承中华优秀的传统文化，都为高等职业教育"走出去"拓宽了新的发展领域和合作平台。根据教育部公布数据，截至 2022 年 3 月，全国高职（专科）院校已达 1484 所。高职院校在数量上已经占据了中国高等教育半壁江山，形成了中国特色的高等职业教育体系，具备了比较好的"走出去"的实践基础。高等职业教育"走出去"在服务中国企业和中国技术落地生根、培养本土高素质技术技能人才的同时，也助推了课程、专业和职业标准等与国际接轨，有效开拓了教师的国际视野和跨文化水平，促进了高等职业教育国际化发展。"一带一路"倡议的提出，带动了中国多所高职院校纷纷响应国家号召，例如在 2017 年广东省高职院校成立了广东省"一带一路"职业教育联盟，标志着中国职业教育进入了新的发展阶段，广东高职院校国际化办学水平得到进一步提高。

（四）有利于培养学生"走出去"的国际化能力

"一带一路"倡议作为国家战略，在实施过程中应从国家意志转化为参与者的自觉行动，由于当今高等职业教育正处于从局部市场演变成全球市场的进程中，因此高等职业教育"走出去"是必然趋势。由此可见，着力培养学生国际化的语言能力成为必要条件。"一带一路"沿线国家有 100 多种不同的语言，这就要求高职院校加强学生外语能力的培养。除此之外，还应培养学生的国际思维。在不同的国家和地区，人们对同一事物的认知会有不同，高职院校在参与"一带一路"国际项目建设的过程中，应当帮助学生深入了解不同的国家和地区的风土人情，审慎选择符合当地文化的方式开展工作，以促进学生职业能力的国际化，并培养学生的国际精神。高职院校可以通过引导、交流、体验等形式浸润学生的国家情怀，培养中国企业"走出去"所需要的具有国际视野、熟悉国际规范的技术技能型人才。

三、高等职业教育"走出去"，拓宽了人才输出的渠道

（一）有利于"政企校"协同"走出去"培养人才

随着"一带一路"倡议的实施，越来越多的中国企业"走出去"，积极参与"一带一路"沿线国家的基础设施建设，深入研究产业转型升级，服务当地的经济发展。同时，为了适应"一带一路"倡议带来的环境变化，沿线国家不断做出新的规划，调整部署，产生了大量的岗位需求，这就为中国高等职业教育"走出去"到境外参与工程项目建设、开展境外创业提供了机遇。由于中国与沿线国家在政治、经济、宗教和文化等方面存在比较大的差异，因此，各国合作项目中的相关从业人员不但需要熟练掌握所在领域的专业知识与职业技能，还应当熟悉合作对象的政策、法律、人文和"一带一路"沿线国家的动态。面对技术技能型人才供不应求的现状，高等职业教育正是培养基础设施建设、国际贸易，以及具备小语种专业能力的人才的主要途径。通过建立有效的协同机制，整合政府、企业、院校多方资源开展人才培养，使不同领域、不同层次的人才充分发挥其最大价值。

（二）有利于培养"走出去"高素质技术技能型人才

随着中国全面融入经济全球化的进程，在"一带一路"倡议、中国企业"走出去"等一系列战略的深入推进下，中国高等职业教育"走出去"趋势日益增长。同时，伴随着中国对外开放程度的不断提高，中国劳动力的国际化程度日益提高，技术技能型人才"走出去"参与到全球劳动力市场竞争已成为不可避免的趋势。2019年实施的《国家职业教育改革实施方案》对于中国高等职业教育标准体系的国际化、复合型技术技能人才培养培训的国际化、职业资格证书的国际化等都提出了明确的要求，目标在于培养具有国际视野、具备国际竞争力和通用技术技能的高层次现代产业技术工人，这就要求高等职业教育在办学过程和人才培养过程中要有国际化眼光和国际化标准，培养具有国际竞争力和能够参与全球技术技能竞争的高质量人才。

四、高等职业教育"走出去"，提升了企业"走出去"的软实力

（一）有利于谋求国家战略与企业布局的深度耦合

"一带一路"倡议中许多项目是与沿线国家与地区开展合作建设，因此，高等职业教育在同跨国企业合作的过程中，必须坚持政治互信、经济互通、文化互融，围绕这些项目开展专业设置、课程编排。从2010年到2020年，亚洲各国投资近8万亿美元用于基础设施建设，其中新设项目占比68%，更新维护项目占比32%，涉及能源、交通、水务、卫生等领域；在2010年到2016年之间，中国对"一带一路"沿线的国家与地区的承包工程完成总额从435亿美元增长到760亿美元。因此，中国企业在质量保障、资金管理等专业技术技能型人员方面拥有很

大的需求。针对这种情况，"走出去"企业应当加大培养熟悉该领域不同国家和地区标准的高素质专业人才的力度，推动中国标准走出国门，走向世界，打造产品全球链。总之，"一带一路"倡议的实施需要输出大量的优质产能到沿线国家和地区，这就要求高职院校协同企业"走出去"，从而提供适合沿线国家与地区基础设施建设和区域发展的高等职业教育服务，实现国家战略与企业布局的有效衔接。

（二）有利于提升企业品牌效应，加强文化交流

"一带一路"倡议的实施使沿线国家与地区的基础设施建设成为现实，国与国之间的贸易往来更加频繁，这就要求中国高职院校协同企业"走出去"，就必须充分认识自身教育资源优势和人才优势，对沿线国家政治体制的多样性与经济结构转型期政策的多变性有足够的预期。企业"走出去"将会面临国家政治变迁和经济发展不适应，以及技术要求的不兼容等问题，尤其是高质量的技术技能型人才很难满足企业拓展境外业务的需求。这就要求高职院校伴随企业"走出去"，为企业的海外发展提供合格的人才，打造企业的特色和品牌。由于"一带一路"沿线国家地域性区别明显，民族、宗教众多，因此，高职院校应将不同国家的文化历史、宗教信仰和传统风俗纳入现有的教学内容，通过跨文化知识教育，使学生了解各国的民风民情、地理环境等，尊重与接纳不同民族的信仰。

第二节 高等职业教育"走出去"的目标价值

"一带一路"倡议的提出和建设的推进，能促进教育链、人才链和产业链的日益深度融合，作为链链相接的连接桥，中国高等职业教育"走出去"有助于实现职业教育服务国际产能合作，助力沿线国家经济社会发展的目标。

一、高等职业教育"走出去"是服务国家战略的价值旨归

（一）高等职业教育"走出去"是服务国家"一带一路"倡议的需要

1. "一带一路"倡议是构建人类命运共同体的伟大实践

"一带一路"倡议是中国坚持对外开放基本国策的重要举措。近年来，中国高职院校掀起"走出去"的热潮，在很大程度上得益于"一带一路"倡议带来的机遇。当前"一带一路"倡议的实践正处在全面推进的关键时期，高职院校要顺应时代大势，站在服务国家战略的高度，认真谋划自身在"一带一路"倡议中担当的责任，推动国家对外经济发展建设。同时，把学校"走出去"发展战略同"一带一路"倡议有机地结合起来，既要借力又要助力，不断提升自身的国际化视野和能力，通过国际化进程提升对外开放的广度和深度，积极实现高等职业教育与国家建设的一体化发展。

中国目前已成为世界上第一贸易大国、第一大出口国、第二大进口国，市场份额也不断增加，中国的高技术、高品质、高附加值外贸产品

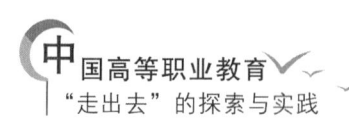

的比例逐渐提高，越来越多的产品创新、技术创新、制度创新和管理创新的企业走向世界舞台，这些企业的国际竞争力在不断地增强，随之而来的是劳动力、资本、商品、服务等不断地向海外流动和输出，伴随着中国经济体系和全球经济体系的互动不断加深，随之引发了与国外相关标准、规则、文化、观念等领域的沟通、交流与对接，这就要求技术技能人员不仅要掌握过硬的外语能力，更要掌握熟练的专业技能，为适应中国经济走向国际舞台这一大势，锤炼自我技能才是关键。尤其是近年来，随着我国"一带一路"倡议全面推进、构建人类命运共同体倡议的推动，中国高等职业教育必须积极参与全球职业教育，制订国际技术技能人才培养相关标准，充分发挥中国高等职业教育的规模优势与人才优势，破解中国高等职业教育难题，提升国际化能力和水平，增强在国际职业岗位标准制订和人才培养标准制订方面的话语权，培养一大批具有较强外语能力、通晓国际技术标准、具备过硬技术的"走出去"的技术技能人才，全面支撑中国在世界的竞争力。

2. "一带一路"倡议纵深发展对高等职业教育国际化提出新要求

"一带一路"是"丝绸之路经济带"和"21世纪海上丝绸之路"的简称，是国家主席习近平同志2013年在出访中亚和东南亚国家期间提出的。充分发挥教育在"一带一路"建设中的基础性、先导性作用，"一带一路"教育行动取得积极成效。截至目前，教育部已与24个"一带一路"沿线国家签署了高等教育学历学位互认协议，在54个国家联合建立了154所孔子学院和149个孔子课堂；支持60所高校在23个沿线国家开展境外办学，支持16所高校与沿线国家高校建立17个教育部国际合作联合实验室。① 推动了中国高等职业教育与企业协同"走出去",打造了"一带一路"高等职业教育行动的升级版,促进中国与"一带一路"沿线国家实现了学历学位互认、教育标准互通、实践经验互鉴。积极支持高职院校与沿线国家的高职院校建立职教联盟,开展联合人才培养和科学研究,为"一带一路"沿线各国的经济和社会发展提供智力支持,为沿线国家的建设提供强有力的人才保障。

随着"一带一路"战略深入推进,中国高等职业教育"走出去"面临着新的机遇与挑战。随着中国企业"走出去"步伐不断加快,企业和"一带一路"沿线国家对高素质技术技能型人才产生了巨大需求,作为与生产技术联系最为紧密的职业教育要服务于"一带一路"建设,为中国企业提供人才与智力支持,要抓住机遇,改革创新,增强社会服务能力,提高内涵建设,提升国际化水平和"走出去"的竞争力。因此,在新时代,积极配合教育对外开放战略,服务"一带一路"建设系统,审视中国高等职业教育国际化发展的趋势特征与行动策略,为"一带一路"培养具有国际能力的技术技能人才,开创国际教育新格局刻不容缓。②

(二)高等职业教育"走出去"是服务对外开放政策的必然要求

1. 引领高等职业教育服务国家是重要指向

高等职业教育"走出去"发展以习近平新时代中国特色社会主义思想为指导,坚持社会主义办学方向,推动中国向教育强国、人才强国的目标迈进。高等职业教育"走出去"要服务国家进一步对外开放的政

---

① 叶雨婷. 我国已与24个"一带一路"国家签订学历学位互认协议[N]. 中国青年报,2017-04-20.
② 彭薇. 区域高等职业教育国际化理论与实践研究[M]. 吉林大学出版社,2020:3-4.

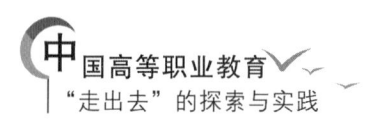

策。进一步扩大对外开放，既是我国产业经济全面融入世界经济体系的客观需要，也是我国产业转型升级的内在要求。高等职业教育通过"走出去"助力中国对外开放，助力中国的产业、企业"走出去"，是其作为一种类型教育的必然选择。高职院校通过国际化建设积极参与国际竞争，在国际职业教育的大环境中引进和借鉴优质资源，输出中国高等职业教育的优秀资源，提升中国高等职业教育的国际影响力和话语权，助力中国高等职业教育走在世界前列。

40多年的改革开放，推动中国构建了全方位、多层次、宽领域的对外开放格局，党的十九届四中全会通过的《关于坚持和完善中国特色社会主义制度　推进国家治理体系和治理能力现代化若干重大问题的决定》提出，中国要建设更高水平的开放型经济新体制、推进合作共赢的开放体系建设，将推动制造业、服务业、农业的对外开放，推动规则、规制、管理、标准等制度型对外开放。高等职业教育"走出去"是持续推进中国对外开放的产物，更是助推中国对外开放向纵深发展的重要保障。2016年中共中央、国务院出台了《关于做好新时期教育对外开放工作的若干意见》，提出了要紧密对接"中国制造2025"，开发与国际先进标准相对接的职业教育课程体系，积极参与制定职业教育国际标准，并对职业教育的对外开放提出了具体意见与要求。可以说，我国对外开放的不断发展为高等职业教育"走出去"提供了良好的机遇，可以广泛地吸收世界各国先进职业教育的管理、办学、人才培养、评价评估等各个领域的先进经验，逐步深化中国高等职业教育发展的内涵，进一步提升中国高等职业教育的世界影响力。同时，中国高等职业教育发展与世界发展中国家相比，总体上处于比较领先的位置，可以通过借助"一带一路"倡议、中国企业"走出去"向海外输出高等职业教育的办学模式，助力欠发达国家和地区发展高等职业教育。

2. 新时期教育对外开放对高等职业教育国际化提出新任务

近几年，国家特别重视教育对外开放工作，教育对外开放事业持续发力，稳步推进。2010年《国家中长期教育改革和发展规划纲要（2010—2020年）》明确提出，要进一步扩大教育开放，引进优质教育资源、提高交流合作水平、扩展交流内容、创新合作模式，广泛开展国际合作与教育服务，促进教育事业共同发展。2016年，中共中央办公厅、国务院办公厅印发了《关于做好新时期教育对外开放工作的若干意见》，标志着教育对外开放成为国家对外开放战略的重要组成部分。

新时代、新起点、新使命、新担当。中国要融入全球、要走进世界舞台的中央，高等职业教育应承担起更多的历史使命。无论是培养具有国际视野、知晓国际规则、参与国际事务的复合型人才，还是技术技能型人才，都需要中国高等职业教育主动作为。中国职业技术教育学会会长鲁昕在中国职业教育国际化发展高端论坛上指出，过去70年，中国职业教育发展取得了突出成就，在教育公平、增加就业、经济转型、对外开放等方面做出了重要贡献。当前，中国职业教育面临着全球化、信息化、智能化的新挑战，迎来了新经济、新模式、新业态等新机遇，中国高等职业教育肩负着为强国建设培养人才、为文化自信传承创新文化等重大使命，需要进一步扩大开放的国家战略、对接产业高质量发展的国际标准、对接国内外市场的人才培养需求。中国要与世界各国的职业教育一起，共同传承和创造人类文明，共同参与全球教育治理，共同打造世界职业教育高地，共同建设人类命运共同体，为世界文明发展贡献中国方案与中国智慧。新时代，高等职业教育如何推进国际化发展，提升国际化水平，增强高等职业教育国际影响力，构建具有中国特色的高

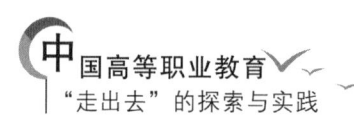

等职业教育品牌,是新时代赋予高等职业教育的新的任务。①

(三)高等职业教育"走出去"是展示中国文化实力的需要

当前,中国已具备向世界输出中国高等职业教育模式的前提和基础。不管是规模还是质量,高等职业教育均已达到世界水准,逐渐形成了独具中国特色、先进的高等职业教育体系,为"一带一路"沿线国家所瞩目。"一带一路""五通"内容的核心是"民心相通",互学互鉴、互利共赢的丝绸之路精神顺应了沿线各国的民意,中国高等职业教育"走出去"为中国和"一带一路"沿线国家的互访交流开辟了广阔天地。此外,高职院校除了承担着为企业"走出去"培养技术技能人才的责任,还承担着传播中国优秀传统文化、讲好中国故事和发展理念的重要历史使命。高职院校通过招收国际生等方式,向企业"走出去"的国家传播中国文化,发出中国声音,不断提升世界各国对中华民族文化的认同感。

二、高等职业教育"走出去"是构建现代职教体系的目标体现

(一)高等职业教育"走出去"能够提高中国高等职业教育模式的国际适应性

中国高等职业教育"走出去"主要涉及"一带一路"沿线的诸多国家和地区。不同国家具有不同的社会文化、经济发展和政治体制,使中国高等职业教育"走出去"时面临着诸如关注度不高、影响力有限、文化认同感低等方面的挑战,迫切需要提高高等职业教育的国际适应性。

---

①彭薇. 区域高等职业教育国际化理论与实践研究[M]. 吉林大学出版社,2020:2-3.

高等职业教育模式的国际适应性指的是模式从输出国传播到输入国之后，对输入国的政治、经济、文化、制度、环境等方面的适应。一方面，中国高等职业教育在发展变革中积累了丰富的解决高等职业教育问题的经验，经过反复实践的检验后形成了特定的职业教育模式。然而，长期以来，发达国家一直在高等职业教育欠发达国家和地区教育输出中占据优势地位。经济合作与发展组织报告显示，高等教育输出国所占份额为：美国48%、澳大利亚9%、英国8%、法国7%。因此，中国高等职业教育面临着"走出去"起步晚、关注度低、国际影响力有限等困境。另一方面，任何教育理论都有着自身形成的文化特色，每个国家对诸多高等职业教育问题存在着不同的判别，中国高等职业教育"走出去"难以被其他国家完全认同。中国高等职业教育"走出去"，应充分认识到"一带一路"沿线合作国家的经济社会等方面呈现的"多样化"，深入研究沿线国家的政治制度和社会环境，积极选择中国高等职业教育模式，只有这样才能提高中国高等职业教育模式的国际适应性，实现由"引进来"到"走出去"的转变，推动中国高等职业教育模式在国际适应过程中传播。

（二）高等职业教育"走出去"是推动教育质量升级的需要

在"一带一路"倡议实施过程中，中国输出的不仅是资本和产品，更是人才、技术和行业标准，伴随"一带一路"倡议的深入推进，海洋、能源、装备、交通等领域面临着极大的人才缺口，迫切要求高职院校优化专业体系和课程设置，持续提高人才培养质量，不断推动中国高等职业教育提质升级。中国高等职业教育的开展相比于发达国家较为滞后，但是在"一带一路"倡议背景下，中国高等职业教育基础设施建设得到完善，为"一带一路"沿线国家高等职业教育发展树立了典范。中

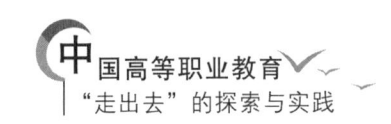

国高等职业教育经过20多年的快速和高质量发展，培养出了大批各领域的各类人才，但距离真正"走出去"还有较大差距。"一带一路"沿线国家中大部分国家的高等职业教育水平低、技术落后，为中国高等职业教育发挥引领作用提供了机遇和平台。当前，高等职业教育"走出去"需要在两个方面提升，一是通过向欠发达国家提供高科技成果，解决其在技术方面的困境；二是通过提升中国高等职业教育在国际职业教育舞台上的自信心，使中国文化的魅力影响更多的国家与地区。

（三）高等职业教育"走出去"是技术技能人才国际竞争的需要

全球化不仅是资本、信息、资源的全球流动，更是人才的全球流动，世界各国的企业在挑选员工时，既注重本土人才的选择，更关注吸纳技术技能人才，而技术技能型人才作为企业发展最重要的支撑，企业对其提出了更高层次的要求，高等职业教育"走出去"为培养技术技能人才提供了可能。当前世界各国的职业教育中，大部分国家把培养技术技能人才作为人才培养的核心，中国高等职业教育"走出去"责无旁贷地肩负着培养既有国际视野、能够促进国际理解包容和责任意识的高素质技术技能型人才。德国、美国、英国等资本主义发达国家和部分发展中国家共130多个国家建构起了国家资格框架，逐步将职业资格与学历资格进行互认，对接世界各国通用资格准入标准。欧盟也在大力推动欧盟成员国共同认可的欧洲资格框架体系，实现欧盟成员国对于职业资格认证的统一，推动职业资格在成员国之间的互认，最终实现欧盟技术技能人才的流动。可以说，全面推动高等职业教育"走出去"，从人才培养、课程设置、外语训练、文化培育等方面加大技术技能人才的国际化培育力度，为企业培养国际通用型技术技能人才，已经成为世界各国的共识。培养技术技能人才是高职院校办学的本质属性，培养人才的目标、规格、标准等要符合企业"走出去"的需要。中国高等职业教育已经跨越规模化发展阶段,正走向高质量发展轨道,技术技能人才参与国际竞争逐步成为常态,这就要求中国的高等职业教育在发展中必须具备国际视野。因此,高职院校根据国际技术变革、信息更新、工作岗位的实际需求,为企业"走出去"培养能够胜任实际工作岗位需求的技术技能人才,以最大限度地为企业"走出去"提升人才的质量。

三、高等职业教育"走出去"是企业发展的内在要求

(一)高职院校伴随企业"走出去"是全球化发展的必然趋势

当今世界经济全球化、社会多样化、知识信息化打破了国与国之间的界限,世界经济缓慢发展和分化,深层次的金融危机也不断涌现。伴随"一带一路"建设的"国际列车"不断加速前行,越来越多的中国企业走出国门,寻求更加广阔的发展空间。高等职业教育作为企业的天然同盟者,在积极"助企成行"的同时不断谋求"与企同行",通过"走出去"培养本土技术技能人才,这对高职院校提出了新的历史使命。高职院校伴随企业"走出去"是全球化发展的必然趋势,也是高职院校办学国际化的延伸。全球化视域下,高职院校伴随企业"走出去"包括三个方面的内涵:一是办学理念的国际化。高职院校办学必须立足国际视野,创新人才培养模式,培养通晓国际规则、能够应对国际竞争的技术技能人才,特别要关注企业"走出去"所在国家的语言、文化等知识的培养,以满足企业"走出去"对人才的需求。二是办学场所的国际化。包括国内办学和国外办学,国内办学指在国内开设的培养能够在国外工作的中国学生的高职院校,国外办学是指在国外开设的有针对性地培养能在中国企业工作的外国学生的高职院校。三是办学方式的国际化。包

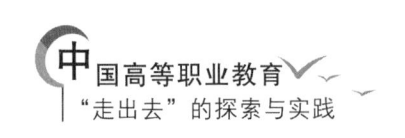

括独立办学和合作办学。独立办学,是指由中国在国外独立举办的高职院校或由高职院校在国外开办的分校,举办方包括政府、企业和高职院校。合作办学,是指由中外双方合作开办的高职院校,旨在整合双方资源,实现优势互补。

(二)高等职业教育"走出去"为破解企业所需人才困境提供了支持

"一带一路"沿线国家工业基础薄弱,技术人才匮乏,使得中国企业在参与国际竞争合作时备受约束,许多优势产能"走出去"进程比较缓慢,为破解这一难题,高等职业教育"走出去"是中国企业人才培养改革的必由之路。中国经济发展迎来了新的发展时期,不但经济产业结构得到了转型和升级,对于技能人才的需求也得到了进一步的提升。"一带一路"倡议促进中国与东亚经济圈逐渐建立起紧密的联系,中国企业在这一过程中成为先锋队,高等职业教育"走出去"为企业发展提供了人才支持。企业"走出去"面临的是一个全新的市场,这就需要企业创新生产方式、进行技术革新、开发新产品、提供全新的服务、进行科学管理,而其中的核心要素是技术技能人才,这也为高职院校伴随企业"走出去"提出了新要求。一是对"高精尖人才"的急切需求,企业"走出去"需要大批产品研发、设计等方面的高效、精通、尖端的技术研发人员;二是对"专门型人才"的急切需求,随着技术的不断变革,工作岗位分工越来越精细,需要高职院校在培养技术技能人才时,充分考虑企业具体工作岗位对学生能力的要求,使学生"术业有专攻";三是对"通用型人才"的急切需求,信息化时代对工作岗位能力的要求不断提高,要求学生具有跨行业、跨部门、跨岗位的职业能力,因此,需要高职院校为企业"走出去"培养"通用型人才"。在中国企业传统的人才培养体系中,培养渠道短缺、培养内容单一,导致人才培养质量不容乐观。因此，企业的人才培养需要高等职业教育的助力，在校企合作中企业应提供相关场地技术培训等方面的支持，从而推动高等职业教育人才培养的质量提升。

四、高等职业教育"走出去"是中国职业教育本土化的使命使然

（一）高等职业教育"走出去"能够更好地为中国企业本土化经营服务

改革开放 40 多年来，中国企业积累了丰富的生产经营经验。在"一带一路"倡议下，大量的基础建设工程和产能输出项目推动越来越多的中国企业涌入国际市场，拉动产业转型升级，提升企业的自主创新能力。因此，破解本土化经营问题是企业"走出去"成功的关键，也是对中国企业国际化发展的锤炼和提升。这其中技术和人才扮演着主角，在"走出去"过程中，企业深感国际化技术技能人才的数量难以满足企业的现实需求，然而，精通所在国语言、又熟悉所在国法律和文化习俗的技术技能人才和项目管理人才少之又少，一线生产管理指挥人才和对当地员工进行培训的高端技术技能人才更是严重缺乏，这一需求与高等职业教育提供技术和人才的办学目标不谋而合。因此，中国高等职业教育"走出去"要根据当前国际形势发展和技术变革的实际需求，针对性地培养企业所需的本土化人才。高职院校应加强所在国家的地域文化、民族、语言和法律等知识的学习，满足企业本土化经营中对能够承担当地员工培训的工程技术人才和熟悉当地法律和文化制度的项目管理人才的不同需求，为中国"走出去"企业更好地经营提供本土化技术技能人才保障。高职院校应根据自身特色，结合当地的社会发展情况选择教学

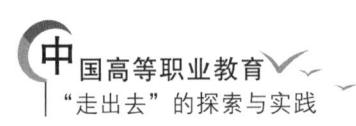

内容，提高教学内容与企业发展需求之间的契合度，企业通过与高等职业教育融合寻求技术支撑，实现企业的转型升级。

（二）高等职业教育本土化的实施能够降低高职院校"走出去"的成本

近年来，随着"一带一路"倡议的深入实施，中国高等职业教育更多是以"教育援助"的形式实现在沿线国家或地区的"走出去"，这也意味着"走出去"的高职院校比国内其他高职院校更需要诸如师资、设备、资金等办学资源保障其顺利"走出去"。然而高职院校的资源是有限的，在本土化的过程中，中国高等职业教育"走出去"需要与输入国本地政府、企业、学校寻求对接，通过资源共享、校企共建等方式加强互动，形成共生资源，从而降低中国高等职业教育"走出去"的成本。从师资需求看，随着中国高等职业教育"走出去"范围的不断扩展，双语师资队伍的匮乏已经成为高等职业教育"走出去"的制约瓶颈。开展中国高等职业教育"走出去"的教师主要来自中国高职院校的公派教师，存在着一定的跨文化教学难度、缺乏适应当地的不同教学方法。高等职业教育"走出去"可以充分利用输入国已有的高等职业教育的教师资源，通过培训帮助他们成为高等职业教育工作的专门人才，有效补充当地高等职业教育教师数量上的不足，缓解师资的供求矛盾；针对国内的公派教师进行本土化知识的培训，使教师深入了解学习者的特点和当地的教育框架，有效缓解跨文化教学中的"水土不服"现象；还可以通过与本地职业教育机构对接实施教师资源共享，与中国"走出去"的教师构建学习共同体，提高"走出去"的教师的教育水平，从而也降低了"走出去"所需要的师资成本。

(三）高等职业教育"走出去"能够推动国际化和本土化的交融共生

中国高等职业教育"走出去"的本质是中国教育输出的一个过程，也是输入国对中国高等职业教育不断认同的过程。教育的输出是一个国家在教育、文化、经济领域的实力反映，也是提升自我实力的重要举措。中国高等职业教育"走出去"的过程中，国际化和本土化的交融共生是提升输出能力的基础。要学习借鉴输入国的先进教育理念和方法，增强高等职业教育的融合价值，针对本土需求开发高等职业教育国际化课程标准等，提高"走出去"高职院校的核心竞争力，形成高等职业教育的品牌，提高国际社会对中国高等职业教育的认同。在实现输入国对中国高等职业教育的认同过程中，高等职业教育理念的本土化是前提。先进的高等职业教育理念实现本土化主要通过自下而上和自上而下两种方式。自下而上式的教育理念本土化主要是在高等职业教育"走出去"的过程中，以具体教学课程或项目为突破口，帮助输入国的教师提高教学水平，带动转变教师的高等职业教育理念。自上而下式的教育理念本土化，是以输入国的高职院校的宏观层面作为抓手，帮助输入国设计高职院校的顶层管理框架、开展有针对性的大规模教师培训等。通过高等职业教育理念本土化的输出，向世界展现中国高职院校的整体形象，了解中国高职院校的发展水平和发展特色，从而不断提升对中国高等职业教育的认同感。

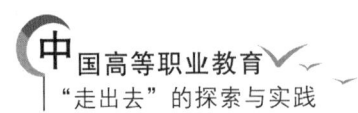

第三节 高等职业教育"走出去"的机遇挑战

"一带一路"倡议为高等职业教育的国际化发展提供了重要机遇，是实现中国高等职业教育"走出去"的战略举措。长期以来，中国高等职业教育国际化坚持"引进来""走出去"的双向路径。"引进来"主要是借鉴德国、美国等发达国家的职业教育经验。"走出去"主要是将中国职业教育输送到传统的第三世界国家，通过技术援助方式来实现、巩固国家间的传统友谊。虽然中国高铁、中国航天等技术含量较高的产业正在走向世界。但是大部分出口的产品或服务相对比较低端，技术含量不高。"一带一路"倡议是我国处于国内经济转型时期的发展引擎，也是中国高等职业教育国际化发展的突破口，将有利于中国高等职业教育国际化品牌的塑造。随着全球竞争格局的重塑，部分发达国家贸易保护主义、单边孤立主义等势力抬头，为中国高等职业教育"走出去"带来一些风险和不利因素。与此同时，逐步走向世界舞台中央的中国，为中国高等职业教育"走出去"带来了重大机遇。"一带一路"倡议为中国高等职业教育提供了广阔的发展空间，沿线国家大部分是发展中国家，大都处于经济发展的上升期，对高等职业教育有着旺盛的需求，由于沿线一些国家的高等职业教育发展比较落后，人才培养水平不高，难以满足自身经济社会发展的需要。因此，"一带一路"战略为中国高等职业教育"走出去"提供了重要机遇。

第一章
机遇与挑战：高等职业教育"走出去"的时代选择

一、高等职业教育"走出去"面临的新机遇

（一）"一带一路"倡议为高职院校"走出去"提供了巨大的发展空间

1. 有利于加快高职院校国际合作办学进程

"一带一路"倡议为中国高等职业教育发展提供了新机遇，也对中国高等职业教育国际合作提出了新要求。"一带一路"倡议要求越来越多的高职院校能够"走出去"，开展多形式、全方位、深层次的国际化办学。"一带一路"倡议提出以来，中国政府部门出台了多个加快发展职业教育的相关文件，其中也对职业教育国际合作做出了具体要求。如，《高等职业教育创新发展行动计划（2015—2018）》强调要主动发掘和服务"走出去"企业的需求，培养具有国际视野、通晓国际规则的技术技能人才和中国企业海外生产经营需要的本土人才；《关于做好新时期教育对外开放工作的若干意见》《推进共建"一带一路"教育行动》等文件，要求培养当地急需的各类"一带一路"建设者；《职业教育提质培优行动计划（2020－2023年）》提出实施职业教育服务国际产能合作行动，加快培养国际产能合作急需人才等。中国政府的这些政策文件把培养中国企业海外生产经营所需要的人才、服务国际产能合作作为我国高等职业教育合作的重要内容。

2. 有利于高职院校培养高素质国际化技术技能人才

当前，高等职业教育国际化的深入发展推动全球高等职业教育资源合理配置和有效利用。国与国之间通过紧密合作与主动交流提升了全球高等职业教育质量，促进了民心相通和"一带一路"沿线国家整个社会的协调和可持续发展，也使得世界各国在前所未有的空间中彼此紧密地

联系在一起，共同探索高等职业教育发展的新形式、人才培养的新模式。目前，中国的高等职业教育"走出去"主要是对发展中国家实施教育援助行动。对外教育援助主要包括援建当地学校，组织开展教育管理人员与专业人员培训，提供教学设备、仪器与图书等。在援建内容上，主要以援建基础设施和硬件投入为主，缺少在职业教育模式援助上的探索。随着中国高等职业教育的快速发展，越来越多的发展中国家关注中国的高等职业教育，迫切需要将中国的高等职业教育模式输入这些国家。一方面，高职院校可以吸收和借鉴沿线国家完善的高等职业教育理论和方法，将沿线优秀的教育资源"引进来"，定向培养沿线国家发展所需要的技术技能型人才；另一方面，非洲、中亚和东南亚的一些地区面临着高等职业教育基础比较薄弱、产教融合度比较低的困境，高职院校应当通过境外办学、境外高等职业教育培训等方式"走出去"，为"一带一路"沿线国家和地区培养所需要的技术技能型人才。

3. 有利于建设具有国际先进水平的专业群

中国高等职业教育"走出去"为专业群的建设搭建了国际平台，推动专业群同"走出去"的中资企业及"一带一路"沿线国家开展产教融合，建立产教联盟，推进专业群制定开放共享的人才培养方案。以专业群为抓手建设行之有效的高等职业教育国际合作平台，促进师资队伍的国际化、现代化，提升高职院校专业群的国际化水准，打造中国高等职业教育的国际品牌。如果简单套用中国高职院校的人才培养模式，不结合当地的发展实际，会导致人才培养的水土不服，假如在当地直接套用他人的人才培养模式就失去了"走出去"办学的意义，一味将合作双方的人才培养模式进行简单的拼接，则会出现人才培养目标不明确、课程设置比例不科学等问题。

（二）"一带一路"倡议为高职院校"走出去"积累了丰富的教育经验

1. 广大发展中国家需要高等职业教育的"中国经验"

"一带一路"沿线国家百废待兴，广大发展中国家已充分认识到发展高等职业教育对本国经济与社会发展的重要性，中国改革开放成功的经济发展模式对发展中国家具有良好的经验借鉴。尼日利亚教育部长托尼·高滋·安乌卡教授、卢旺达教育部长帕皮亚斯·穆萨菲瑞·玛里姆巴博士等非洲国家高级政府官员们表示，中国高等职业教育办学与改革创新的实践经验，更契合他们所在国的发展，值得很好的借鉴。中国高职院校经过20多年的经验积累和高质量的快速发展，具备了引领发展中国家高等职业教育的能力和水平。目前中国高职院校处于内涵提升时期，在"引进来"的基础上，形成了富有中国特色的先进的高等职业教育理念和办学模式，有向发展中国家输出的后发优势。从文化差异角度来看，"一带一路"倡议需要有实现多样化文化交流的一体化载体。"一带一路"沿线各国的国家制度、社会发展、宗教文化等存在差异和多样性特点，都要求通过高等职业教育的"走出去"战略，实践"求同存异"，为实现多层次的相通互信、合作共赢提供坚实基础。所以，目前中国兴办的世界上最大规模的职业教育，已成为"一带一路"制造业等领域培养输送人才、实现文化交流的主阵地。

2. 企业"走出去"迫切需要大量配套人力资源

近年来，中国企业"走出去"的数量多、产业领域广、所需人力资源体量大。但在企业"走出去"过程中，缺少在输出国熟悉中国设备并能达到企业用人标准的技术技能人才。在对中航国际、中国通信服务、

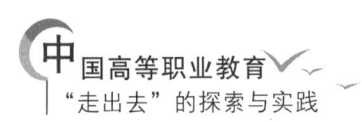

中国国家电网等在肯尼亚中资企业的走访调研中,企业普遍反映他们面临着招工"两难"的问题:一方面,派驻国内员工劳动成本太高,比使用当地技术工人高出五倍左右,而且还面临语言、文化等差异;另一方面,当地技术工人大多技能水平较低、行动力很弱,缺乏对中国企业文化的认同,因而企业很难在当地找到合适的员工。因此,在企业"走出去"的过程中,迫切需要高职院校助力。因此,高职院校应当加快"走出去"的步伐,为"走出去"企业培养匹配其企业发展的当地雇员,不断提高劳动生产率,提升经济效益,改善竞争劣势,为企业"走出去"提供强有力的人力资源保障,使企业在"走出去"的过程中行稳致远。

3. 高职院校教师提升综合能力需要"走出去"

"一带一路"倡议实施过程中,中国和沿线各国在基础设施建设、信息技术、新能源等许多行业领域将实现深入合作。培养战略实施的国际化人才,首先要有一支具有全球化视野,了解本专业国际发展态势,掌握国际化人才培养标准,熟悉沿线国家和地区的语言、文化、法律法规,可以参与国际事务和国际竞争的国际化教师队伍。《推动共建丝绸之路经济带和21世纪海上丝绸之路的愿景与行动》指出中国将与沿线几十个国家开展合作办学,深化人才交流合作,促进民心相通。同时,"一带一路"沿线国家大多是新兴经济体和发展中国家,职业教育相对滞后,人才培养质量普遍较低,对职业教育有较为旺盛的需求,这为中国的高等职业教育"走出去"提供了重要的机遇和平台。中国高等职业教育面临"引进来"和"走出去"的双重任务,因此,在不断探索与沿线国家及地区合作办学的实践道路上,不可避免地会遇到各种问题和困难,这就需要高职教师充分运用自身的智慧,发挥主观能动性解决各类问题，提高合作办学的能力。①

二、高等职业教育"走出去"面临的新挑战

尽管中国高等职业教育对外开放取得了较大的进步，但由于高职教育规模基数大、各类高职院校的水平参差不齐等，存在着管理体制难与国际接轨、专业设置落后、优秀人才流失严重等难题。"一带一路"建设是长期性、系统性的战略，中国高等职业教育"走出去"的机遇与挑战同在。高等职业教育"走出去"办学仍处在探索阶段，面临缺乏现成的经验借鉴、不同文化交流的冲突、缺乏合适的人才培养模式等困境，在"一带一路"背景下，由于沿线国家的社会经济环境相对复杂，高职院校的内涵式发展质量及政策保障机制等存在问题，给高等职业教育国际化带来巨大的挑战。因此，高职院校在"走出去"办学的探索实践中要敢于并积极应对新挑战。

(一) 职业教育"走出去"存在着先天发育不良的问题

1. 高等职业教育"走出去"面临着不同文化交流冲突的问题

文化交流是构建"一带一路"共同体的基础和前提。高职院校海外办学仅依靠借鉴国内开展的国际合作交流的经验是远远不够的，一定要解决好高等职业教育"走出去"办学面临的不同文化交流冲突的问题。文化上的相互理解构成一切方面相互理解的基础与纽带，而文化的差异与误解就会造成交流的障碍和冲突。"一带一路"沿线国家众多，每个国家都有不同文化，有不同的宗教、信仰与习俗，在政治、经济、文化、宗教、语言、法律制度、基础设施建设等方面都存在较大差异，在

---

① 李子云. 中国高等职业教育国际化 [M]. 北京工业大学出版社，2019：189.

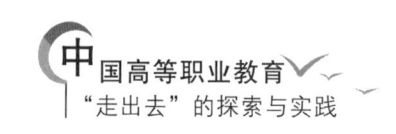

推进中国高等职业教育"走出去"的同时,要注意尊重当地文化。在对这些国家学生进行授课时,要注意课程设置和课本的使用,在交流合作中相互理解与包容、相互尊重与适应,合作过程中不仅需要达成政策上的互惠互信,还应顺应世界多极化、经济全球化和文化多样化的潮流。高职院校"走出去"办学如果不具备跨文化理解和交流能力,则会导致因文化冲突引起的互不信任,可能导致"走出去"办学的失败。因此,高职院校培养的适应"一带一路"倡议所需要的人才,不仅应具备较高的专业技术能力,还需要精通外国语言文化、涉外业务及相关行业的国际标准、法律法规。

2. 全球社会经济环境复杂多变

"一带一路"沿线国家达 65 个,国家之间发展水平差异较大。2018年《国家风险分析报告》表明,2017 年下半年以来受地域政治、贸易摩擦等因素影响,全球国家风险水平有所上升。政治、经济、文化、社会等方面的潜在风险,成为高职院校参与"一带一路"倡议需要面对的客观挑战。虽然不少高职院校将参与"一带一路"作为学校未来转型发展的重点,但也存在认知误区,主要表现在将参与"一带一路"简单等同于国际化改革;重点关注国际参与和国际影响力的扩大,而未切实进行长效机制构建;没有系统设计服务路径,内涵提升不足;不少高职院校将参与"一带一路"简单理解为"走出去",过分热衷"走出去",对"引入"缺乏理性认知。国内高职院校与企业之间合作虽然有了一定的尝试,但仍未形成相对成熟的合作模式。

(二)高职院校"走出去"办学存在着后天发展不足的问题

1. 我国高等职业教育本身的内涵式发展不力

当前,中国高等职业教育缺乏获得国际认同的质量标准,境外劳动力资源的技术技能水平差异较大，制约了高职院校高质量参与"一带一路"建设的能力。高职院校必须重点关注质量和效益的提升，在学校国际化办学理念、校园文化、教育科研、教师素质、人才培养质量和水平等方面扎实提升。尽管有相当一部分高职院校已经将"国际化"作为发展战略，但依托自身优势"走出去"办学的院校依然较少，国际化办学水平较低。现代的职业领域强调的是团队的打造，通过强有力的团队实施延伸和外扩。高等职业教育领域特别需要师资团队的力量，师资团队的培养，既是高职院校的核心竞争力，也是中国高等职业教育走上国际舞台的关键。然而，国际化师资队伍建设薄弱严重阻碍了高等职业教育"走出去"。为了完成"国际化"的考核指标，高职院校在开展国际化教学项目时容易忽视教育发展规律，仅以留学生数量、交换生的项目多少等作为国际化水准的依据。特别是教师的培养方面，对小语种教学不够重视，大部分高职院校仍以英语教学为主，而"一带一路"不少沿线国家的官方用语或通用语并不是英语。高职院校教师的海外经历较少，高职院校教师学习国际先进的教学理念和教学模式的能力严重迟滞。

2. 与跨国企业合作力度不足

在"一带一路"倡议背景下，高等职业教育发展的一个重要特征在于突出高等职业教育与国际企业间的深层次合作。尽管当前已经有不少高职院校通过订单班等形式与"走出去"企业开展广泛合作，定向培养人才，但从中国高等职业教育的全局来看，高职院校"走出去"办学仍处于起步阶段，区域间的教育质量差距较大，与"走出去"企业合作力度不足。商务部统计显示，2015 年中国首次成为资本净输出国；2019 年末，中国对外直接投资存量达 2.2 万亿美元，位列世界第三；2020 年我国对外全行业直接投资 1329.4 亿美元，逆势增长 3.3%，其中，对"一带一路"沿线国家非金融类直接投资 177.9 亿美元，同比增长 18.3%；中国已经在海外建立了超过 100 家的境外经贸合作区，其中 80 多家分布在"一带一路"沿线国家；路孚特（Refinitiv）最新数据显示，截至 2020 年一季度，全球已规划或在建"一带一路"项目共计 3164 个，总金额达到 4 万亿美元。从数据可以看出，中国企业"走出去"已是常态且规模巨大，中国"走出去"企业对当地技能人才有很大的需求。但中国对外直接投资存量的近 90% 分布在发展中经济体，其劳动力的素质和技能水平较低，"用工难"问题已经成为中国对外直接投资高质量发展的瓶颈之一，中国高等职业教育国际合作服务于国际产能合作的要求也由此产生。此外，高职院校的管理体制与国际脱节，面对与发达国家在高等职业教育市场中的激烈竞争，高职院校"行政至上"的管理模式将阻碍中国高等职业教育的发展。

第二章　奠基与借鉴：
高等职业教育"走出去"的国际经验

多年来，中国高等职业教育始终秉承对外开放的发展战略，积极引进和吸收国外先进的职业教育模式，如德国的双元制、美国的CBE、澳大利亚的TAFE、英国的GNVQ。经过多年的发展，中国已经建成世界上规模最大的职业教育体系并形成一定优势和特色。因此，实施"走出去"战略，向"一带一路"沿线国家输出中国特色高等职业教育模式，增强高等职业教育在国际社会的影响力和吸引力，成为中国高等职业教育发展的必然选择。中国应积极打造制度和资源优势，促进中国职业教育"走出去"战略的顺利推进，根据"一带一路"沿线国家的需求，制定高等职业教育"走出去"的具体规划。在资源累积上，进一步加强中国高等职业教育的内涵建设，彰显中国高等职业教育的内生优势，形成中国高等职业教育的品牌和影响力。在制度建设上，对高职院校"走出去"给予一定的政策支持，与"一带一路"沿线国家加强联系，为中国高等职业教育"走出去"搭建桥梁和平台。因此，中国高等职业教育在"走出去"的过程中仍应借鉴和吸收发达国家的经验。

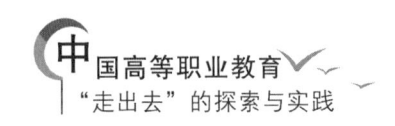

第一节 德国的双元制

一、德国职业教育概况

德国高等职业教育主要包括专科大学和职业技术学院。

（一）专科大学

与综合性、学术性大学相比，专科大学的突出特点是直接根据社会经济发展需要和经济结构设置专业，其目标是培养各种高级应用型技术人才，毕业生成为各专业领域擅长于解决实际问题的工程师和企业家。专科大学采用宽口径、大专业模式，一个专业又分若干个专业方向，突出实践应用性，强调实验室建设，强化企业实习，而且将研究与实践结合，如毕业论文选题直接针对企业需要，要在企业实习实验中完成才能获得硕士学位。自20世纪中期以后，德国专科大学蓬勃发展，毕业生深受企业欢迎。

（二）职业技术学院

职业技术学院采用双元制办学模式，提供专科、本科层次的应用技术教育，入学的条件为文理高中毕业生或同等学历者，而且必须与企业签订培训合同。职业技术学院办学与企业合作更紧密。有些甚至直接是以企业的名义办学，如柏林西门子职业技术学院由西门子公司与柏林高等专科学校合办。职业技术学院常通过企业项目对学生进行实训，毕业论文也以企业项目为研究对象，学生毕业时获得文凭（或学位）、技术职称，常直接被培训企业的项目所在部门录用。总体上，德国各级各类职业教育都具有明显的双元性特色，蕴含学校教育和企业实训相结合之意。而且，职业教育中融入普通教育，提升了职业教育的人文内涵，避免了职业教育的片面性与机械训练之弊，使职业教育成为有血有肉的"人的教育"。

按照德国基本法，各级各类教育由各州文化教育部管理，而职业教育管理体制有别，由联邦政府"亲手抓"。但由于职业教育是校企合作事业，于是形成了州政府和联邦政府两级共同负责的职业教育管理机制，即州政府负责管理各级各类职业学校事宜，而联邦政府负责协调涉及企业的职业教育培训事务[①]。值得注意的是，企业的广泛参与和深度参与是德国职业教育成功的关键。为鼓励企业从事职业教育，联邦政府制定了一系列优惠政策，如企业的职教开支计入生产成本、产品价格，减免税收等。

（三）德国"双元制"模式

"双元制"是德国职业教育的核心，是一种国家立法支持、校企合作共建的办学制度，被称为德国职业教育的秘密武器。"双元制"中的一元是指职业院校，主要职能是传授与职业有关的专业知识。另一元是企业，主要职能是让学生在企业里接受职业技能方面的专业培训。这种形式的学习被人们称为"双元制"。"双元制"具有极强的针对性和实用性，缩短了企业用人与学校育人之间的距离，企业能够主导整个实践教学过程，制订完善的培训规划，促进理论与实践相结合，强化技能培

[①] Schneider U, Krause M. Woll C. 2007. Vocational Education and Training in Germany. http://www.cedefop.europa.eu/trainingvillage.gr [2014-12-08].

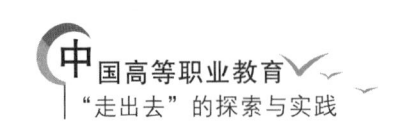

养，为学生提供充足的培训经费。"双元制"对培养高素质劳动者、生产高质量的产品、保持德国经济在国际上的竞争力都起着重要作用。而"双元制"的推行，需要企业、学校的共同参与以及社会各方的有效推进，也需要对职业教育的态度和观念的转变。

二、德国高等职业教育国际化改革

在经济全球化进程中，德国政府充分意识到高等职业教育国际化对于提升国家教育质量、增强国际竞争力的重要作用，因此将高等职业教育国际化作为现代高等职业教育改革和发展的重要战略。在高等职业教育国际化进程中，德国政府采取多种措施，加快改革步伐，全面推进高等职业教育国际化，使德国高等职业教育国际化的内容和形式趋于丰富和完善。

（一）学位制的国际转换

德国的高等学校根据其任务和性质主要分为三种不同类型：一是综合性大学以及与其同等级的高等院校，二是高等专业学院，三是艺术学院与音乐学院。高等专业学院这类大学在 1998 年之后被称为"应用科学大学"，是德国高等职业教育机构的第二大类机构，专业设置面较窄，以培养高层次应用型人才为主。它所授予的学位水平低于综合性大学及同等级高等学院所颁发的学位，学习时间一般为 4 年，此类学院类似于我国高等职业教育学校。在博洛尼亚改革进程中，高等专业学院获得了开设本科专业和硕士专业（包括连续性硕士专业、非连续性硕士专业和继续教育性硕士专业三种形式）的资格。然而，由于高等专业学院没有从事博士教育的资格，毕业生要想读博士，需要去综合性大学或与其同等级的高等院校。

（二）课程的国际化接轨

在教育国际化的过程中，德国一直比较重视课程的国际化，从课程的概念、课程的设置、课程的实施、课程的管理以及课程的评价等多方面推进高等职业教育课程的国际化。在课程管理上，德国建立了国际通用的课程管理制度，采取与国际兼容的学士硕士学位体系，学分互换与积累制度、学位相互承认制度等。在课程实施上，德国的课程实施与国际接轨。为了保证高等职业教育质量，德国各高校参与了欧洲大学联盟的教育研究项目，把各自的课程朝着新型课程结构进行调整。在课程设置上，德国资助本国高校实施"面向国际的课程"，这些课程分为学士、硕士两阶段，主要涉及经济学、科学和社会科学等领域。这些课程的特点是具有专业资格，教学使用两种以上语言。第一学期使用英语上专业课，要求学生在国外学习一段时间，并且对国外学生提供特别的指导。

（三）语言的国际化推广

1. 提高英语应用能力，方便国际交流

德国从基础教育开始就重视英语教育，在中小学阶段，第一门外语通常是英语，小学三年级开始学习，中学阶段英语被作为必修课。德国基础教育阶段英语教育的成功得益于其准确的定位、高素质的师资、高质量的教材和有效的课堂教学。为了促进高等职业教育国际化，德国还采取了诸多措施提高英语应用能力，以方便德国高等职业教育与世界的交流。

2. 高度重视德语在世界上的地位

德国高度重视德语在世界中的地位，尤其是在欧盟机构中的地位。

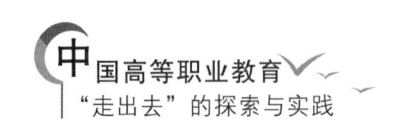

德国政府一直努力提升德语的语言教学和文化传播,期望将德语作为法语和英语之外的第三种工作语言。德国总理默克尔也指出,"移民德国首先应该学习德文,以便能在学校学习以及在职业市场上寻求机会。"根据新移民法,德国对外来移民提出了强制性的德语语言培训要求,培训费用由联邦政府承担。大多数申请到德国上大学的学生除了英语外必须通过德福考试,这样才能在德国高校正式注册上课。

三、德国高等职业教育国际化发展对中国高等职业教育"走出去"的启示

伴随着经济全球化的发展,德国高等职业教育教学已经将应用科技大学作为教育教学的主体,并且应用科技大学已经成了德国高等职业教育发展的重要指标之一,并将应用科技成功经验向各国乃至全世界推广,各国开始纷纷效仿德国的成功经验。

(一)坚持政府主导,完善高等职业教育国际化的政策法规建设

高等职业教育的国际竞争使高等职业教育国际化逐渐成为高等职业教育改革和发展的必然趋势。高等职业教育国际化成了世界各国发展高等职业教育的一项重要战略。各国政府制定了一系列政策和法规推动高等职业教育国际化的发展。因此,借鉴德国的高等职业教育国际化经验,一方面要完善高等职业教育国际化的立法工作,细化高等职业教育国际化的相关规定,将高等职业教育国际化的各个环节以法律的形式确定下来,使高等职业教育国际化有法可依,并使之规范化运作;另一方面要制定目标明确、重点突出的高等职业教育国际化政策保障高等职业教育国际化政策具有连续性、稳定性,增强其针对性和灵活性,以适应

不断变化的高等职业教育国际市场，为中国高等职业教育国际化提供强有力的制度保障。

（二）充分发挥第三方力量，推动高等职业教育国际化

第三方是政府组织和经济组织之外的以公共利益或团体利益为目标取向、以组织成员志愿参与为运作机制的正式的自治性组织的总和。虽然第三部门不同于政府组织和工商企业，但又与政府组织关系密切。因此，第三部门具有自己独有的特点。充分发挥第三部门力量，利用其独有的优势，对于推动高等职业教育的国际交流与合作具有政府组织和企业不可替代的作用。和政府比较，第三部门的民间组织身份更易于了解各国民众对高等职业教育的需求，减少高等职业教育国际交流与合作中的障碍，实现高等职业教育国际化战略目标。和企业比较，第三部门的非营利性特征有利于维护各国为高等职业教育服务的利益。第三部门强调的是社会责任感，不是利润取向，使人容易产生信任感，能为受教育者提供长期、持续、公平的高等职业教育交流与合作服务。

（三）坚定国际化战略，推动职业教育国际化输入与输出的动态平衡

目前，我国高等职业教育国际化发展模式以"教育输入"模式为主。基于历史和经济基础的原因，高等职业教育长期处于世界的边缘地位，需要通过外来教育资源的输入来弥补国内教育资源的不足。一方面可以借用先进的经验，采取优化的赶超战略；另一方面可以借用先进国家技术，提高自身的国际竞争力。因此，这决定中国形成了以教育输入为主、依附西方教育的高等职业教育国际化模式。目前，中国高等职业教育国际化仍处于输入大于输出的阶段，不利于中国高等职业教育的发展。因此，应继续坚定不移地坚持开放的信念，借鉴国外经验，结合中

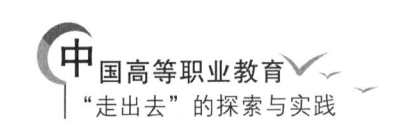

国实际,制定系统、深入的高等职业教育国际化战略,创新高等职业教育模式,积极推进世界文化的相互尊重与理解,积极推进中国高等职业教育"走出去",逐渐实现高等职业教育输入与输出的动态平衡,保障我国高等职业教育国际化的持续、稳定、健康与协调发展。

(四)加快推进双高院校建设,提升高等职业教育的国际竞争力

2019年4月,教育部、财政部印发了《关于实施中国特色高水平高职学校和专业建设计划的意见》,"双高计划"正式启动实施。当年10月,首批197所拟建单位名单进入公示环节。这项"质量为先、以点带面,兼顾区域和产业布局,支持基础条件优良、改革成效突出、办学特色鲜明的高职学校和专业群率先发展,发挥示范引领作用"的职业教育发展计划,被视为落实"职教20条"的重要举措,被业界视为自"示范校"建设以来,国家新一轮职业教育改革发展的方向引领。"当地离不开、业内都认同、国际可交流"是中国特色高水平高职院校的基本要求。"双高计划"建设对于高职院校国际化水平建设方面提出了明确指标要求。高职院校要在竞争中脱颖而出、挤进国家双高计划建设、提高内涵、提升办学水平,就必须走国际化发展的道路,必须"走出去"。高等职业教育的国际化已经成了新时期高职院校创新发展的重点和新的增长点。

(五)建设质量保障体系,推动高等职业教育国际化科学发展

高等职业教育国际化的深入发展推动高等职业教育质量观和人才观发生了很大的变化。高等职业教育质量问题引起了广泛关注,各国政府纷纷开始探讨高等职业教育质量保障体系的建设,希望通过提高本国高等职业教育质量,推动高等职业教育国际化的发展,提升本国的国际竞争力。中国政府也在探索高等职业教育质量保障体系方面做出了积极的努力。教育部在《教师教育振兴行动计划（2018—2020年）》中提出要实施"高等学校教学质量与教学改革工程"，健全高等学校教学质量保障体系，实行以五年为一周期的全国高等学校教学质量评估制度。然而，中国高等职业教育质量保证体系的建立时间较短，仍存在着不足。虽然德国建立高等职业教育质量保障体系的历史也不长，但是其通过建立以评估和认证为核心的质量保障体系推动高等职业教育国际化的经验仍值得我们借鉴。促进高等职业教育质量保障法制化。只有在法制的保障下，高等职业教育质量保障体系才能实现持续、健康发展。通过立法对高等职业教育质量保障的组织与领导进行明确分工，才能确保高等职业教育质量保障体系的运作规范化和科学化，进而形成政府、社会、高校三位一体的质量保证体系。在政府层面，应从法律政策和机制上确保高等职业教育质量保障体系的建立。在高校层面，高校应在自身体系内主动建立和完善内部质量保障体系。而在社会层面要争取建成多个独立的、权威性的高等职业教育质量保障中介机构，使其作为政府和高校之间的协调器，确保质量保证的观念得到贯彻。中国要建立多元化的评估专家队伍。借鉴德国评估专家队伍结构，还应吸纳企业等其他系统和社会的代表，甚至可以吸纳学生代表。目前，我国高等职业教育"走出去"的最大障碍是学历、文凭和学位的互认问题，因此，我们还应主动参与国际评估标准体系政策、标准和规则的研究与制定，改变被动接受教育输出国的"海外审核"局面。

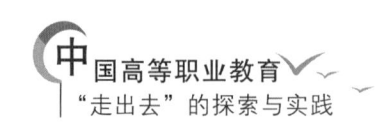

第二节 美国 CBE 模式

一、美国职业教育概况

在美国，高等职业教育意指针对中学后阶段学习者所进行的旨在培养学生进入特定职业或事业生涯的大学教育教学。

（一）高等职业教育

美国实行的是典型的单轨制教育。职业教育并没有专门的实施机构，但中小学都开设有职业教育的相关课程。与中国相对应的高等职业技术教育，主要由社区学院及技术学院来实施，其中又以社区学院较为典型。20 世纪 90 年代，美国政府积极响应联合国提出的"终身教育"的号召，社区学院又增加了终身教育的教育职能。社区学院成为集转学教育、职业教育、技能培训、终身教育等多功能于一体的教育机构。进入 21 世纪，美国的经济发展进入低迷时期，但两年制社区学院的学生注册率反而飙升。面对金融危机，美国再次把目光投向社区学院，目标是到 2020 年，社区学院里获得学位和证书的美国人增加 500 万。这个计划实施后，到 2020 年，每年从美国社区学院毕业或者获得结业证书的学生数将达到 1100 万。

（二）CBE 模式

美国等北美国家的职业教育中流行一种"以能力为基础的教育"

（Competency-Based Education，CBE）的教育模式，是当今一种较为先进的职业教育模式。其主要特点是：先由学校聘请一批行业中具有代表性的专家组成专业委员会，按照岗位群的需要，层层分解，确定从事这一职业所应具备的能力，明确培养目标。然后再由学校组织相关教学人员，按照教学规律，将相同、相近的各项能力进行总结、归纳，构成教学模块，制定教学大纲，依此施教。CBE模式的特色主要体现在课程开发方面，打破了以传统的公共课、基础课为主导的教学模式，模块之间组合灵活，增删不同的模块可调整课程结构的重心和专业方向，以适应和满足个人及职业岗位的需求变化，保证职业能力培养目标的顺利实现。

二、美国高等职业教育国际化的成功经验

（一）全方位的发展支持

美国高等职业教育国际化的突出成就与美国对高等职业教育国际化的全方位支持有着密切联系。从美国高等职业教育国际化发展历程的梳理中可以发现，美国政府、社会、个人都对美国高等职业教育国际化给予了很大帮助。从政府方面看，美国联邦政府与州政府通过制定相关的法律法规为美国高等职业教育国际化发展提供了法律保障，利用税收优惠、财政补贴等方式引导和扶持美国高等职业教育国际化的发展，通过外交等方式直接助力美国高等职业教育影响力向世界扩展。从社会方面看，美国成熟发达的公民社会为美国高等职业教育国际化提供了发展的基础，众多基金会为美国高等职业教育国际化提供了资金与智力的帮助，从个人方面看，美国高等职业教育国际化的奠基期、转型期、战略

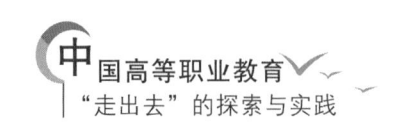

发展期、竞争发展期中都有许多有识之士推动美国高等职业教育国际化不断发展完善，为美国高等职业教育国际化的发展提供理论支持。正是因为有政府、社会、个人全方位的支持，美国高等职业教育国际化才能实现快速的发展，取得丰硕的成就。

（二）多元化的坚持

美国高等职业教育国际化呈现出一种多元化的发展形态，一方面，美国对高等职业教育的管理采用分权的方式，由各州管理本地区的大学，从而使得美国各州的大学具有自身特色，形成了美国高等职业教育的多元形态。这种多元的发展形态有利于美国各大学确立自己的独特优势，推动各大学之间的优势互补与横向合作，也为美国大学与其他国家的大学进行协作与交流提供了便利。另一方面，美国高等职业教育国际化也实现了公立大学与私立大学的共同发展。美国政府对公立大学的国际化大力支持，同时也对美国数量众多的私立大学的国际化给予了充分的鼓励，助力了美国私立大学的发展，提升了美国私立大学的实力与水平，推动了美国大学间的联盟与合作。诸如常春藤联盟（Ivy League）以及新常春藤联盟（New Ivy League）等大学间合作关系的建立，都有助于美国高等职业教育整体实力的壮大。

（三）以市场为导向的发展思路

美国高等职业教育国际化成功的另一个重要经验是其坚持与市场的需求相一致。美国高等职业教育国际化与高等职业教育的发展轨迹是相互重合的，可以说，美国高等职业教育国际化的历史也是美国高等职业教育的发展历史。美国高等职业教育自产生之时就具有国际化色彩，9所殖民地学院正是从英国学习借鉴高等职业教育发展经验才建立起来的。美国高等职业教育革除宗教的影响、尊重科学研究的理念也是借鉴德国高等职业教育改革的成果。美国众多世界顶尖大学的建立、科学研究的突破与通过高等职业教育国际化吸引来众多优秀的人才是密不可分的。美国的高等职业教育愈发具有商业化运营的色彩，这与庞大的海外留学生群体对美国高等职业教育资源的需求存在密切联系。

三、美国高等职业教育国际化发展对中国高等职业教育"走出去"的启示

美国高等职业教育国际化历经百年的发展，取得了丰硕的成就，不仅助推了美国高等职业教育从无到有、从弱到强的发展，也为美国崛起成为世界大国奠定了基础。

（一）重视外语教学

国际交流需要语言的沟通，学习外语是增强国际交往能力的重要手段。近年来，面对 21 世纪国际人才的需要和本国低质量的外语教育，美国政府认识到了外语教育对位居世界第一的经济、军事大国的重要性，因此在 1996 年制定、公布并出版了国家级课程标准《21 世纪外语学习标准》，目的是使各阶段的外语教学衔接起来，做到承上启下、环环相扣。2004 年 4 月，执美国高等职业教育牛耳的哈佛大学公布了对本校学士课程的一份全面评估，最主要的有两条，其中之一就是将国际经验加入学习过程，期望哈佛学生在校期间能持续修读一门外语，并至少在国外学习、研究或工作一学期。

（二）加强国际理解教育

国际化不仅意味着了解和掌握国外的语言文字，更重要的是要形成

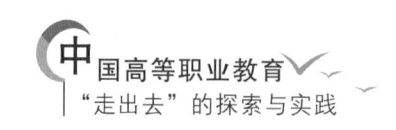

从全人类利益出发，以全球观点考虑问题，理解国际社会，关心和宽容异国文化的品性和风范。美国各高校近年来也普遍加强了国际知识的教学，以培养具有国际战略眼光的人才。为了推进国际知识的教学，诸如国际关系、比较政治、比较经济体制、国际法、国际组织等课程早已进入高校。美国大学一方面开设了相关课程来加强学生对非西方文化的了解；另一方面也对传统课程进行了修订，一些科目如历史学、政治学、经济学、社会学、比较语言学、文学等，以前都仅限于西方世界的有关事件和成就，现在都已经扩大了范围，在内容上涵盖了整个世界。

（三）积极开展国际教育交流与合作

美国十分重视和开展跨国教育援助以及合作项目，主要表现在学者之间关于世界范围内的学术知识、科研课题、项目开发等，超越国界、跨越学科的交流和联系。教师的交流在美国表现出多样化、多渠道的态势，既有政府自主的计划，也有民间自主的全国性计划，还有高校间的交流计划。这些都使得美国高等职业教育教师的国际流动人口有所增多，美国自20世纪90年代以来每年都要接受数千名外国学者的访问，威斯康星大学一年要聘用600名外籍教师。高校设立各种基金项目对教师的国际交流活动予以资助，并且美国积极在海外创办分校，探索与他国合作办学的道路。

第三节 澳大利亚 TAFE 模式

一、澳大利亚职业教育概况

澳大利亚拥有一个相对独立的职业教育与培训（Vocational Education and Training，VET）体系。根据联合国教科文组织（United Nations Educational，Scientific and Cultural Organization，UNESCO）制定的"国际教育标准分类"（International Standard Classification of Education，ISCED），澳大利亚教育与培训体系中的职业教育与培训主要包括 ISCED 体系中的 2C、3C、4B、5B 和 5A 五种类型。

（一）职业教育与培训体系

2C 和 3C 是指澳大利亚初中或高中（包括高级中学）学生通过学习国认可的资格课程，获取一级、二级、三级 AQF（Australian Qualifications Framework，澳大利亚资格框架）资格证书，属于为进入劳动力市场作准备的直接就业型（其课程计划规定了对技能型人才的各项要求）；4B 和 5B 是指完成澳大利亚义务教育后的学生，在 TAF 学院和其他同类注册培训机构（Registered Training Organization，RTO）开展国家认可的资格课程学习，获取四、五级 AQF 资格证书。4B 的学习目的不在于升学，而是为较高层的就业做准备。5B 的课程计划，实际上是一种"定向于某个特定职业"的课程计划，5B 比 5A 的课程更加定向

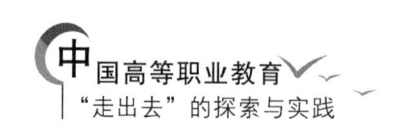

于实际工作，并更加体现职业特殊性，而且不直接通向高等研究课程。

澳大利亚职业教育与培训体系享誉世界，主要在于其拥有一套系统、科学且严谨的国家培训框架（NTF）。该框架由国家认可的培训包（training package）、澳大利亚统一的资格框架（AQF）和国家VET质量体系三部分组成。该框架为澳大利亚职业教育与培训体系满足产业发展需要、提供高质量培训、确保所用即所学提供了有力的保障。澳大利亚完善的全国性职业教育与培训体系为学生提供统一完整的培训，不但为他们进一步接受高等职业教育打下基础，而且使他们能学以致用，顺利步入职场，深受雇主的青睐。澳大利亚职业教育与培训体系这一方面的优势已获得世界经济合作与发展组织、联合国教科文组织以及国际劳工组织的高度认可，由行业主导的澳大利亚职业教育与培训体系已成为全世界效仿的标杆和典范。通过深入分析可以发现，澳大利亚职业教育与培训"五个对接"（即学历证书与职业资格证书对接、专业课程内容与职业标准对接、专业和产业与职业岗位对接、教学过程与生产过程对接、职业教育与终身学习对接）的特征较为显著。

（二）职业资格课程

澳大利亚所开展的职业教育是以职业资格课程为主线开展的，这与联合国教科文组织关于职业教育定义的本质精神是相吻合的。在澳大利亚的职业教育中，没有与中国完全对应的严格意义上的专业，事实上在澳大利亚的语言体系中没有与"专业"对应的表达，无论是第二级教育（包括初中、高中教育，校本位学徒制学习），还是第三级教育（高中后教育，学徒制学习），其所谓的职业教育与培训课程，其实是一种学习成果导向和能力本位的、相应级别的职业资格及其能力单元课程。以澳大利亚新南威尔士（NSW）为1112级（第6阶段）的中学提供的职业教育与培训为例，其就是以行业课程框架（Industry Curriculum Frameworks）作为 VET 的教学计划。该行业课程框架由 NS 学习委员会（the Board of Studies）开发，可为学生提供获取国家认可的职业教育与培训资格的机会，同时学生所获得的成就证明也可作为高中证书的一部分。具体以 NSW 高中第 6 阶段 VET 商务服务行业的课程框架为例，该框架共包括三种课程类型，每种课程类型均由若干能力单元构成，完成规定能力单元的学习后可获得相应的 AQF 资格证书。事实上，通过查询商务服务培训包及其商务二级证书（BSB20112）、商务三级证书（BSB30112）、商务管理三级证书（BSB30412）所包含的能力单元可以发现，三种课程类型所要求学习的能力单元都是出自各证书所包含的能力单元。由此说明所谓澳大利亚 VET 课程其实就是 AQF 证书课程，具体学习内容就是各证书中认可的若干能力单元。这进一步说明了澳大利亚 VET 课程与 AQF 资格是高度融合的。

澳大利亚从 1998 年开始在全国范围内开发和推广各个行业的培训包，并将培训包作为澳大利亚职业教育课程开发的指导性文件。各层次的 VET 机构在课程设计时都必须以国家认定的培训包为依据，而培训包又由行业技能委员会（ISCs）根据所在行业的高技能人才需求而开发，培训包由能力单元（即职业能力标准）以及由能力单元组合而成的各类职业资格构成，这又有力地说明了在澳大利亚，职业教育"专业"及其课程内容与行业及其职业标准的有效对接。澳大利亚学徒制多样而灵活，既包含了学徒制，也包含实习，并且学徒制又分为全日制学徒制和半日制学徒制、校本位学徒制和企业本位学徒制。另外，澳大利亚还创设了"集团培训组织"（Group Training Organizations，GTO）的学徒招聘模式。目前，学徒制是澳大利亚 VET 体系中一个非常成功的组

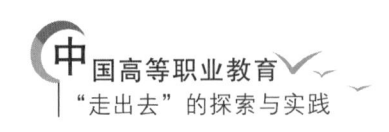

成部分。

（三）TAFE 模式

TAFE（Technical and Further Education）即技术与继续教育，由澳大利亚教育培训部技术及继续教育委员会投资创办和管理的学院都以 TAFE 命名，是澳大利亚完整的职业技术教育和培训领域的政府教育体系。TAFE 提供灵活的多级证书，不同等级的证书通过学分制逐步积累而完成。澳大利亚政府规定，TAFE 证书在全国通用，证书是求职的必备条件。澳大利亚联邦政府成立了国家培训管理局，各州政府设立教育培训部分级负责管理 TAFE。TAFE 的课程设置，必须接受州教育培训部的严格管理。澳大利亚的 TAFE 课程都有统一的编号，每个专业具有课程多、每门课时少、必修和选修并存的特点，且基本上不设大学语文、体育、英语等基础课。TAFE 的教师由各学院自己聘任，但要接受教育主管部门严格的资格审查：必须具有本科以上学历，受过教育专业和相关专业的培训，有 5 年左右的专业实践经验。TAFE 是上下贯通的立交桥式的职业教育体系。TAFE 面向生产基层，培养适用的高级技术应用型人才和管理人才，也培养以动手能力见长的技能型人才。

二、澳大利亚高等职业教育国际化的成功经验

在经济全球化的影响下，澳大利亚政府充分认识到高等职业教育国际化对提升国家职业教育质量、促进国家经济发展、增强国家影响力和国际竞争力的重要作用，因此将高等职业教育国际化作为国家重要的发展战略。采取多种措施全面推进职业教育国际化，促使澳大利亚高等职业教育国际化的内容与形式不断丰富完善，使其达到世界一流水平。

（一）办学理念国际化

办学理念是一所学校发展的灵魂，澳大利亚高等职业教育在1974年正式建立，短短40多年实现自身跨越式发展离不开国际化办学理念。澳大利亚高等职业教育在创立伊始就秉承着着眼于世界的办学理念，并在这一理念的指导下对学校进行国际化定位。这一时期澳大利亚的高等职业教育就已经开始进行国际留学教育，为国际职业教育发展树立了良好榜样。为了更好地进入国际市场，澳大利亚联合行业、企业对高等职业教育体系进行改革。在课程、教学、师资等方面逐步建立标准体系，打造国际化品牌。2000年，澳大利亚颁布了《海外学生教育服务法》，使其成了世界上首个为海外学生教育立法的国家。2014年，澳大利亚政府制定"新科伦坡计划"（New Colombo Plan），鼓励澳大利亚和其他地区的学生双向流动。2016年，澳大利亚制订了一项十年计划，即《国家教育战略2025》，其中一个目的就是发展澳大利亚成为全球职业教育领域的领导者，加强了澳大利亚教育体系的国际公认度，推动了与当地社区和国际合作伙伴关系的建立。因此，若想达到世界区域高等职业教育国际化理论与世界一流水平，与知名学校平起平坐的目标，就必须着眼于世界。

（二）课程国际化

课程国际化是职业教育国际化不可或缺的一部分，主要包括开设外语课程、国际区域研究等国际课程以及课程实施、管理标准化的过程。澳大利亚高等职业教育课程国际化是一个将语言要素、文化要素和国际要素整合进行教学，既着眼于本国学生又服务于国际学生的系统工程。用国际维度和跨文化视角来对澳大利亚高等职业教育课程国际化进行探索实践，这也是澳大利亚高等职业教育国际化取得成功的关键。2000年，澳大利亚提出"全球化课程"（world class education）概念，指出"全球化课程"不是一门具体课程，而是一种教育和课程的新理念，强调的是课程的全球观。进入21世纪，澳大利亚十分注重语言课程的开设。在强调英语学习的同时推动澳大利亚学校学习亚洲语言，其目的不仅仅是吸引更多的海外留学生或是培养本国具有国际竞争力的技能人才，澳大利亚教育部致力于为留学生带来福利。在课程观念的引导下，澳大利亚高等职业教育国际化课程在构建和选择方面，主要表现为在现有或传统职业教育课程中增添国际性文化内容、开设多种形式的国际性新课程两方面。对于本国学生，所开设的国际化课程主要涉及外国语言、文化、历史等知识，对于国家外交重点地区，澳大利亚甚至专门设置了研究课程，比如亚洲研究等，以提高本国学生的文化修养和跨国交流、就业能力。因此，留学生的课程主要集中在各种语言课程、技术知识文凭和证书课程以及学位课程，比如博士山TAFE学院提供广泛的课程和服务，以支持学生进行国际学习。

（三）学生国际化

澳大利亚自身独特的国际化优势满足了亚洲地区日益增长的接受优质教育的需求，吸引了众多学生赴澳留学。据统计，2017年，澳大利亚海外留学生人数为418738人，比2003年增加了254646人。据统计，2017年在地区来源分布上可以看出，澳大利亚的留学生主要来源地仍为亚太地区，中国留学生人数达35983人，占留学生总数的近30%。其次是印度、韩国、泰国等亚洲地区。值得注意的是，澳大利亚高等职业教育对美国、英国两个西方职业教育发达的国家仍存在一定吸引力，美国、英国赴澳大利亚的高等职业教育留学生有近300人。在专业课程选择方面，2017年统计显示，超过一半的学生选择工商管理和工程技术专业，大约8%的学生选择较低层次的混合领域课程（侧重于读写算）。学生参与海外学习的方案已成为澳大利亚高等职业教育国际化战略中的一个关键组成部分。

（四）教师国际化

教师是课程实施的重要主体，是制约教育发展的重要因素，在高等职业教育国际化发展中起着举足轻重的作用。澳大利亚十分重视师资的国际化，一是师资来源国际化，二是师资培养管理国际化。澳大利亚是一个移民国家，其教师移民历史更是源远流长，澳大利亚始终以一种开放、欢迎的态度面对国际教师，这为澳大利亚吸引国际教师奠定了良好基础。近年来，随着与亚太地区合作增多，职业教育师资队伍也增添了许多来自亚洲和非洲国家的教师，再加上澳大利亚世界一流的职业教育品牌，越来越多的全球优秀职业教育教师前往澳大利亚工作和生活。单一的海外教师招聘虽然在一定程度上填补了澳大利亚高等职业教育国际化教师的缺口，但海外教师通常具有一定的流动性，治标不治本。因此，澳大利亚积极实施国际化战略，招收大量企业兼职教师，充分利用海外留学生资源，允许学生归国以后从事国际教育，一定程度上满足了澳大利亚高等职业教育国际化师资需求。同时，澳大利亚政府也十分鼓励并支持教师在职进修，鼓励澳大利亚高等职业教育教师进行学历学位培训、教育能力培训、信息化教学技能培训和企业实践等多种培训，提升教师专业能力和教学水平。注重对教师教育教学的评估，评估内容主要包括教师专业知识水平、工作能力、国际视野、教学技巧、教学效果等方面。澳大利亚重视师资从职前培养、在职培训到教学质量考核评估的过程，而国际化的师资培养与管理不断助推着澳大利亚高等职业教育

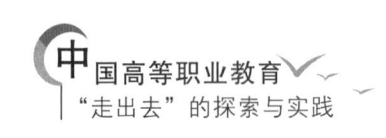

国际化的发展。

（五）国际合作交流

澳大利亚积极与中国、马来西亚、新加坡等国家和地区的学校开展高等职业教育国际合作办学，澳大利亚与输入国共同签订合作协议，实现学分互换，修完所需课程并通过考核之后便可获得"双证"。双方就一些国际热门专业开展合作项目，共同制定课程内容和教学计划，专业课采用英文教材，由中澳双方教师共同授课。设立海外分校是澳大利亚高等职业教育国际化输出的另一种重要途径。21世纪初，澳大利亚与亚太地区往来密切，近年来，澳大利亚高等职业教育国际市场拓展到阿联酋国家地区并在科威特等地建立了部分海外分校。海外分校一般都获得所在国高等职业教育部的机构认证，与许多本地大学签订了从属协议，允许毕业生继续攻读学士学位，并获得澳大利亚本部学校颁发的国际认可文凭（AQF）。如果符合计划要求，他们还将有机会在澳大利亚本部学校继续深造。比如博士山TAFE学院2007年在科威特建立博士山学院科威特分校，现已发展成科威特国家领先的教育机构，作为科威特唯一的私立高等职业教育机构，该校致力于为学生创造一个高质量的学习环境，提供获得必要知识和技能的机会。目前提供管理、市场营销、银行服务管理、平面设计、室内设计和装饰以及网站开发等6个文凭课程，在使科威特女性获得技能并成为专业人员以及为科威特经济服务等方面发挥着关键作用。

三、澳大利亚高等职业教育国际化发展对中国高等职业教育"走出去"的启示

（一）"引进来"与"走出去"相结合

从澳大利亚高等职业教育国际化发展的历程和内容来看，其国际化是"引进来"与"走出去"并行的双向交流活动过程。在"引进来"方面，20世纪70年代之前，澳大利亚高等职业教育以学习英国传统学徒制为主，各种培训机构和技工学校以不同方式建立，以满足个人和社会发展需要。20世纪八九十年代受美国"能力本位"思想影响，加上积极派遣专家、教师前去德国进行"双元制"模式的学习，确立了以能力为导向、行业参与、课程培训包等高等职业教育体系，造就了澳大利亚高等职业教育快速发展的黄金期。在"走出去"方面，澳大利亚通过远程教育、合作办学、教育援助等形式，输出专业标准与课程体系；积极参与职业教育国际标准与规则的研究制定，输出本国职业教育品牌；积极派遣TAFE学院老师、学生进行国际合作交流，将澳大利亚高等职业教育传播到世界各地。

（二）"国际化"与"本土化"相结合

在经济全球化背景下，澳大利亚充分认识到高等职业教育国际化是发展的必然趋势，积极进行高等职业教育改革。在借鉴国外先进教育理念的基础上，树立了国际化的人才培养理念，把国际化、跨文化、全球化的理念融入高职院校的教学、研究和服务之中。在国际化过程中通过改革课程、规范资格证书体系等与国际接轨；在学生、教师方面广纳海外人才，积极参与国际交流与合作，回应全球化对澳大利亚高等职业教育提出的挑战与机遇。其本土化一方面是指澳大利亚的高等职业教育在

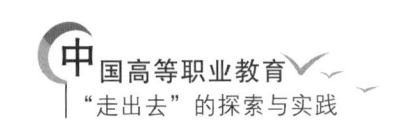

学习其他国家先进经验时，有意识地注重教育的本土化或自身民族性，与其建立了与澳大利亚文化相适应的具有特色的高等职业教育系统。另一方面，本土化是指澳大利亚注重在"本土化"的视角下"走出去"。澳大利亚在国际化发展中有着准确的市场定位，前10位的贸易伙伴中有8个是亚太国家，其中6个是东亚国家。在合作交流前澳大利亚会主动学习合作国家各具特色的文化传统、法律制度状况促进教育思想、经验与资源的相互交流与选择，以便准确把握沿线国家的合作需求，并对合作院校基本的教学条件、专业需求、标准要求、学校特色与优势进行考察，寻找合作契合点，针对不同国家、不同院校制定不同的职业教育合作与标准输出战略。

(三) 注重自身品牌影响力建设

话语权本身就是权力关系的代表，高等职业教育的话语权是指一个国家在国际职业教育市场中现实影响力的表现。国际话语权容易对其他国家的选择倾向产生影响，从而在国际化中发挥出更大的作用，占据优势地位，主要体现在国际合作交往深度和广度、对海外学生和人才的吸引力、培养人才国际竞争力等方面。首先，在话语体系构建上，澳大利亚注重提升自身优势。澳大利亚善于把高等职业教育实现价值的基点放在学生技术技能的培养和更高层次教育机会的获得上，在课程、师资、教学、国际通用的职业教育资格证书、教育体制的立交桥设计等核心要素上进行改革，以达到国际一流水平。比如在课程上，推出留学生需求量大的热门课程，建立多维度的奖学金激励制度。同时，建立自身特色优势。如政策上允许澳大利亚国际生在不耽误课程学习的前提下可以半工半读；与移民政策结合，制定吸引高素质毕业生的移民评分制度，学生毕业后可以申请永久居留权。这些高等职业教育国际化市场中的稀缺资源成为澳大利亚高等职业教育国际化竞争中的比较优势，形成了澳大利亚高等职业教育的特色品牌。其次，澳大利亚善于借助国际合作交流，通过参加国际项目等方式加强与其他国家的对话交流，组建国际职业教育发展智库。通过合作办学、远程教育和海外办学等形式，建立不同层次、不同领域的对话机制。积极参与国际组织与多边论坛，如联合国教科文组织、东南亚高等职业教育协会、教育部长会议等，与他国教育组织建立密切关系，准确把握职业教育合作需求与发展动态，"借船出海"，从而进一步推广本国职业教育理念。

（四）多元协同"走出去"

澳大利亚高等职业教育国际化是一个多元主体共同参与的协同体系，政府、学校、行业企业、国际合作对象分别扮演着不同的角色，承担着不同的责任。在组织机构方面，澳大利亚设立了国际教育开发署、国际教育基金会等专门机构，以调查国际教育市场，协调和推动高等职业教育国际化项目顺利开展。TAFE学院积极参与到国际化中去，开展语言学习，派遣学生到海外学习，并吸引海外学生来澳洲学习，制定学校的国际化战略目标。比如博士山TAFE学院为学生提供长期与短期海外交流、海外实习、参与国际项目等多种形式的国际化交流。在教育部的协调下，澳大利亚政府联合企业、行业形成教育服务出口产业的协作机制，共同推动高等职业教育国际化发展。澳大利亚有很多教育服务公司，致力于将高等职业教育产品推向世界，并根据客户需求进行个性化学习方案的定制。同时，澳大利亚的高等职业教育国际化伴随着企业"走出去"。澳大利亚高等职业教育积极开展跨国技能培训，与企业开展海外合作办学项目，深化产教融合，服务本地企业海外经营。在与其他国家的职业教育国际合作交流方面，澳大利亚着眼于合作国家的职业教育实际，构建长期的合作与人才流动模式。澳大利亚与合作国相应组织机构开展会谈进行交流沟通，建立平等、信任、和谐的合作伙伴关系，彼此清楚了解双方差异，并在合作时制定清晰详细的实施细则，明确合作双方权责，签署受法律保护的合作协议。根据合作国课程计划、人才目标等实际需求和共同发展目标，签署合作备忘录。在合作的整个过程中，与合作方定期开展会议，沟通当前合作情况与问题，拓展高等职业教育国际化合作深度。

（五）完善制度保障体系建设

在澳大利亚高等职业教育国际化发展过程中，各项制度体系建设对于各教育主体及利益相关者的行为及目标起到了引导和规范作用，是高等职业教育国际化的机制保障和有效驱动力。首先，澳大利亚具有完善的教育国际化政策及法律体系。澳大利亚是一个法制化国家，实行国际化实践层面的具体措施，依托教育服务产业促进本国经济出口。如制定《培训保障法》《职业教育培训法》等，以增强法律及政策体系在高等职业教育国际化的质量体系、资金投入方面起到的保障、引领和规范作用。其次，澳大利亚注重国际化的合作统筹体系建设，在教育部的统筹下，与澳大利亚政府贸易部、外交部、移民局、工业部等多部门合作，共同搭建了信息平台和资源保障体系。最后，澳大利亚高等职业教育国际化十分重视海外学生社会服务保障体系建设。澳大利亚留学网站十分注重人性化细节设置，为全球市场的消费者和潜在消费者提供包括学分如何转换、英语语言要求、签证办理程序、课程选择指南、收费制度等有关留学的各方面信息，并在学校中设立学生服务机构，如海外学生保险、勤工俭学支持、就业咨询中心、生活服务中心等，以完善国际学生社会保障体系。在文化适应方面，在课程内容中融入澳大利亚的社会文化内容，定期安排澳大利亚文化馆参观等课外活动，拓宽国际学生彼此交流学习的渠道，尊重彼此文化，促进多元文化融合，从而提升国际生的文化适应能力和满意度。澳大利亚职业教育国际化政策环境的搭建为我国高职院校推进教育国际化提供了很好的借鉴。首先，高职院校国际化的政策制定要体现在政府部门或组织机构的协同上，从国家层面到省市层面虽分工不同，但需上下协同推进。其次，政策的制定需要考虑不同领域政策之间的衔接与补充。在制定高等职业教育国际化政策时，教育行政部门需要充分考虑政策的多样性与协同性。另外，政策的实施需要不同政府部门间的协调协作。高等职业教育国际化的实施主体是高职院校，但政府部门的资金支持、政策支持也非常重要。

第四节　英国 GNVQ 教育模式

一、英国职业教育概况

英国不像德国存在相对独立的职业教育体系，其职业教育常常融合在普通教育之中，英国的中学、FE 学院甚至大学都包括职业教育项目和课程，但其职业教育的路径还是较为清晰的。根据联合国教科文组织（United Nations Educational, Scientific and Cultural Organization, UNESCO）制定的"国际教育标准分类"（International Standard Classification of Education, ISCED），英国教育与培训体系中的职业教育与培训（Vocational Education and Training, VET）主要包括 ISCED 体

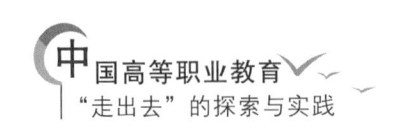

系中的 2B、3B、5B 和 3C 四种类型。

(一) 职业教育与培训体系

3C 表示高中最后两年学校本位的职业教育和学徒制职业教育，是为进入劳动力市场做准备的直接就业型；2B、3B 则是介于 A（2A、3A 是为升入高一级学校做准备的普通学科型）、C 两类之间的中间型。2B 表示高中最后两年部分学徒制学生进入中级学徒学习，处于 3B 类，再晋升可以进入高级学徒学习，即处于 5B 类别之中；完成义务教育的英国高中生除可以直接就业外，还可以接受学院本位的中、高级职业教育，即处于 3B、5B 类别之中。5B 的课程计划，实际上是一种"定向于某个特定职业的课程计划"，主要设计成获得某一特定职业或职业群所需的实用技术和专门技能——对学习完全合格者通常授予进入劳动力市场的有关资格证书；它比 5A 的课程更加定向于实际工作，并更加体现职业特殊性，而且不直接通向高等研究课程，其学程一般比 5A 短些，但也并不排斥较长的学程。通过深入分析可以发现，英国职业教育"五个对接"（即学历证书与职业资格证书对接，专业课程内容与职业标准对接，专业、产业与职业岗位对接，教学过程与生产过程对接，职业教育与终身学习对接）的特征凸现。

在英国，没有与中国完全对应的严格意义上的专业。因为英国的职业教育与培训并非以机构为主线，而是以资格课程为主线开展的，所以在英国的语言体系中没有与"专业"对应的表达。以英国阿克林顿与罗森代尔学院（Accrington and Rossendale College）这一延续教育学院为例，该学院面向 16～18 岁的高中毕业生所开设的职业课程类别包括会计与金融、行政及商务、育儿、美容美发、健康与社会关怀、酒店及餐饮、管理、媒体与设计、电机工程、表演艺术、公共服务、体育与健身、教师培训与教育、旅行与旅游等，其中，电机工程设有高级汽车诊断与管理基础、汽车电器及移动电气原理等 13 门资格课程；教师培训与教育包括学校教与学的专业支持、学校教与学的支持两门资格课程；会计与金融包括 AAT 会计、AAT 电算化会计等 8 门资格课程。该例子说明了两个问题：一是该学院提供的职业教育课程类别基本上与行业部门的分类和行业技能委员会（Sector Skill Council，SSC）的名称保持了高度的一致性，这体现了"专业"与产业及职业岗位的高度融合性；二是一门课程就是一个级别的职业资格，这体现了学历证书与职业资格证书的一体性。同时，英国职业资格的开发主体是行业技能委员会以及行业技能团体（Sector Skill Bodies，SSB），其中，行业技能委员会是国家主持、雇主引领的组织，覆盖了全英各个产业部门；行业技能团体是雇主主导的组织。另外，行业技能委员会也负责开发国家职业标准，而国家职业标准是职业资格开发的重要依据，这又有力地说明了英国职业教育"专业课程内容与职业标准的有效对接性"。

（二）英国的 GNVQ 教育模式

GNVQ（General National Vocational Qualification）即国家通用职业资格教育，是一种兼顾文化教育与职业教育的预科课程，分为初级、中级和高级三个等级，读完了高级可以报读大学。GNVQ 与传统按学科划分的学术导向的课程体系不同，主要按照社会工作或就业的分工领域的划分来组织，包括 14 门课程：艺术与设计、商业、建筑、工程、健康与社会护理、旅馆与餐饮、信息技术、土地与环境、闲暇与旅游、制造、媒体、表演艺术与娱乐、零售与配送和科学。GNVQ 注重开发学生多样化的实践潜能和主动参与精神，英国政府通过国家职业资格证书 GNVO 来积极地推行能力本位教育，更强调综合职业能力的培养。

整合职业教育与普通教育一直是英国职业教育改革与发展的重要目标，将对学生的生涯教育思想渗透于教育体系中，用 GNVQ 整合职业教育与普通教育，用职业教育与普通教育的等值体系来真正提升职业教育的地位。

二、英国高等职业教育国际化的成功经验

（一）高度重视高等职业教育国际化

国际化是现代大学的重要特征，这已成为英国政府和教育界的广泛共识。因此，英国政府采取积极措施推进高校国际化的进程。如大学评估指标采用了国际同行评议、学术人员的国际化程度、学生的国际化程度等体现国际化程度的指标。英国各大学更是把国际化作为自己的办学特色之一。如卡迪夫大学提出要开展全球性的教育合作，该校非常注意本国学生与外国学生生源结构的均衡以及不同国家、民族学生的广泛性和代表性，使在校的学生能得到更好的国际体验。曼彻斯特大学要求学生眼睛不仅要向本国看，而且要向外国看，提出要培养国际公民、国际学生。诺森比亚大学提出要在国际化的背景下摆正自己的位置，加强对学校师生员工进行高等职业教育国际化有关知识的培训和教育。值得注意的是，中国作为高等职业教育最大的市场，对英国高校产生了巨大的吸引力，许多大学都设立了专门负责与中国交流与合作事宜的中国部。近几年，英国的几十所大学联合在北京、上海、杭州等地举办英国教育展，大大提高了其在中国的知名度。

（二）积极推进跨国合作办学和科技交流

英国政府和高校积极开拓境外教育市场，通过与国外教育机构合作在境外办学。办学模式中的一类是英国某一大学和国外同行共同新建大

学，合作开展教学以及科研工作，它的授课方式大致可以分为两种：一是在境外实施教学的全过程，即由英国高校派人授课，所招学生在当地教育机构读完所有课程；二是学生在当地读完两年或大部分课程，最后一年或最后一阶段转入英国大学继续就读，如"2＋2模式""1＋2＋1模式"和"3＋2模式"等。学生读完规定的课程并取得合格的成绩，便可获得英国大学颁发的学位和资格证。这种跨国合作模式结合了不同国家的教育优势，也为学生节约了一定的经费，比较受学生欢迎。

（三）重视师资和教师的国际流动

英国的一流大学十分重视跨越国界聘用一流的领导以及教师、吸引优秀的学生，重视跨越国界组织大规模的研究，重视培养具有国际意识和水平的人才。英国大学的科研质量评估，也是根据国际标准来判断研究成果所达到的水平而进行评价排名的。同时，英国政府通过科研质量评估体系的评价来推动和保障相关学科达到国际先进水平，尽力发挥英国高等职业教育的优势，保持和增强其国家竞争力。为了增强大学科技产业对社会其他产业和世界经济的渗透力，英国几乎所有的著名大学都与其他国家对口高校签有校际科研合作协议。它们通过互换图书资料、互派学者讲学、共同开展课题研究、相互交换留学人员等多种方式进行有效合作，来促进自身的专业发展，获得更多的国际思想，学习他国的先进经验。

（四）大力开发国际性专业和课程

课程的国际化是高等职业教育国际化的基本要素之一，它标志着高等职业教育的国际化已发展到了实质性阶段。在全球化的时代背景下，高校所提供的课程和专业内容只有体现全球性和国际性，才能提供世界

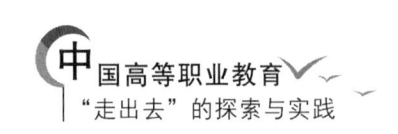

经济和科技市场所需要的服务，吸引更多的生源。20世纪后期，英国高校大量开设国际关系、异质文化比较等课程。英国高校国际化课程的数量和比重不仅增加迅速，而且成为实施课程内容和结构改革、提高院校教学质量、实现国际型人才培养目标的主要手段。增设了涉外专业，如：国际政治、经济、金融、贸易、外交等方面的专业。在国际性课程开发中，英国大学还加大了外语教育的力度，以使学生掌握国际交流、国际对话、国际谈判、国际研究的工具。这些国际性专业和课程的开设，增加了对国际学生的吸引力，既使得作为整体的大学能拥有源源不断的生源，又使得作为个体的大学与大学之间充满竞争，这充分体现了国际市场机制对教学内容改革的促进作用。

三、英国高等职业教育国际化发展对中国高等职业教育"走出去"的启示

随着全球化趋势的发展，各国高等职业教育都将融入国际化体系之中，而且竞争将日趋激烈。更新陈旧、传统的思想观念，是加快高等职业教育国际化发展的前提。借鉴英国高等职业教育国际化发展的经验，我国应做到以下几个方面：

（一）打造优势突出的国际教育品牌

中国高等职业教育品牌的海外形象不够鲜明系统，应当充分认识中国高等职业教育在国际市场的优势与不足，加大海外推广力度，凸显中国高等职业教育的优势，塑造中国特色的高等职业教育品牌，通过整合"双高"院校联盟提升中国高等职业教育品牌知名度。相比于英国罗素大学集团等国际知名高校联盟，中国当前的高校联盟如"C9联盟""卓

越大学联盟"对国内顶尖大学的覆盖面以及合作深度还有提升的空间。英国罗素大学集团24所院校占英国高等职业教育机构的10%，每年获得全英高校65%以上的经费和资金。相较之下，中国高职院校数量众多，整合顶部资源，进一步突出高职院校联盟品牌需要国家层面的政策协调，在国际打响中国教育品牌。我们应该借鉴英国的成功经验，努力提升高等职业教育的质量与水平，创造具有国际竞争力的教育品牌。我们倡导高等职业教育国际化，其核心是人才培养质量、学术水准和管理水准的国际化。为此，要以能力为本位，加强教师队伍建设；以国际化为标准，优化课程设置；以创新为核心，改进教学方法。

（二）广泛开展高等职业教育领域的国际交流与合作

高等职业教育领域的国际交流与合作主要有两个方面：一方面是实施"走出去"战略，继续扩大向国外派遣留学生、研修生、进修生以及访问学者的规模，更好地利用国际的优质教育资源，为我国培养大批高素质、具有国际视野和懂得国际合作的外向型人才。值得注意的是，与发达国家相比，中国目前的经济发展水平还较低，加上科研条件、用人机制、生活待遇等方面还存在许多问题，导致人才外流的现象较为严重。因此，国家应该制定更为合理的人才政策，更加有效地吸引和鼓励海外留学人员回国创业。另一方面是要"请进来"，扩大接受国外留学生的数量。借助中国驻外使馆宣传本国的高等职业教育，举办海外教育展，扩大中国高等职业教育在海外的影响力。尤其是要充分利用我国的区位优势，拓展东南亚及周边国家的生源市场。

（三）正确处理高等职业教育国际化与本土化的关系

在当今世界高等职业教育国际化进程中，发达国家的知识、技术和观念占据了主流地位，发展中国家在利用这些知识和观念培养新一代社会成员时，很容易使本国成员对其他国文化产生认同而对本民族文化逐渐疏远，最终造成本国民族性的丧失，这将是一种无法估量的损失。应该认识到，推进高等职业教育国际化的目的并不是实现全盘西化，也不能盲目模仿和照搬，不是使本国高等职业教育成为其他国家教育的翻版甚至附庸。高等学校作为民族文化的重要载体，承载着民族的诸多传统，负载着特定的价值观念、思维方式和民族精神。我们研究高等职业教育国际化，目的是吸收世界高等职业教育领域的成功做法和经验，坚持走国际化与本土化有机结合的道路，不断完善与本国国情相适应的现代高等职业教育制度，只有这样，才能在世界高等职业教育舞台上占据独特而重要的地位。

第三章　省思与剖析：
高等职业教育"走出去"的制约壁垒

伴随着"一带一路"建设、构建人类命运共同体理念从提出到落地，以应用型技术技能人才培养为特色的高等职业教育服务经济社会发展和对外开放战略的作用越来越凸显，中国高等职业教育的国际化发展空间和巨大潜力也越来越凸显，高等职业教育体系建设、办学模式、标准制定、人才培养的国际视野变得日益重要。面对中国经济国际化发展对高等职业教育提出的新要求和新期盼，高职院校"走出去"发展成为服务国家经济建设和对外战略不可或缺的重要内容。由于中国高职院校发展存在分布区域广、发展基础不一等影响因素，"走出去"的学校大都集中在地缘和经济优势明显的沿海地区，以及部门行业优势突出的院校，大部分高职院校"走出去"仍处于起步阶段。

2020年，中国教育国际交流协会职业技术教育国际交流分会对83所成员单位开展了国际化办学调查。在所调查的单位中，国家"双高计划"建设单位占比65.06%，国家示范性高等职业院校占比44.58%，省级示范性高等职业院校占比28.92%，省一流高等职业院校建设单位占比16.87%，其余为普通职业院校。依据调查结果，当前，高职院校

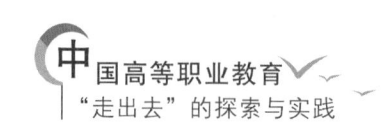

在国际化发展中存在办学机制不健全、师资队伍建设不足、办学层次不深、校企合作不够等主要问题。审视中国高等职业教育"走出去"的历程，可以看到，受限于"走出去"经验的缺乏和"一带一路"沿线国家经济发展水平的相对落后，中国高等职业教育"走出去"虽然活动频繁，但在"走出去"进程中，被国际社会认可的高等职业教育发展成果不多，存在着国际化与本土化难以兼容、国家投入与高等职业教育保障大相径庭、顶层设计与区域政策内在冲突、刚性需求与内涵供给难以相配等制约壁垒，这表明中国高等职业教育"走出去"的经验仍有待总结，对外开放和"走出去"的力度仍需进一步加强。

第一节　国际化与本土化难以共生共长

中国高等职业教育在世界高等职业教育发展中走出"中国特色之路"，这既是中国高等职业教育的国际化过程，也是本土化过程。目前，国际产能合作的提出对中国高等职业教育对外开放格局提出了新要求，中国高等职业教育不但要为国内经济、社会发展提供所需的知识、技能和人才，还需要把中国经验、中国智慧和中国方案分享到"一带一路"沿线其他国家。由于每个国家都有特定的文化背景，如果简单地把中国高等职业教育模式照抄照搬到其他国家，必定会造成"水土不服"，也会对中国高等职业教育"走出去"产生负面影响。中国高等职业教育必须经过消化和吸收（本土化）的过程才能在其他国家扎根，中国高等职业教育"走出去"一定要关照到他国现实。因此，理清高等职业教育国际化与本土化的深层关系，才能促进中国高等职业教育更好地"走出去"，促进民心相通。

一、高等职业教育国际化与本土化的内涵

（一）高等职业教育国际化

高等职业教育国际化是指一个国家的高等职业教育在开放包容等观念的指导下，通过国际的高等职业教育理念、人员交流、国际合作等，不断促进国际社会理解、参与国际教育事务、与国际同行实现平等对话，从而促进世界高等职业教育改革与发展的过程。从高等职业教育国际化实现过程的内在机制来看，主要包括三个阶段：一是以某一发达国家成熟的高等职业教育模式为范式，借鉴发达国家的先进经验。长期以来，中国高等职业教育的理论与实践模式是以学习发达国家高等职业教育经验为主，比如德国的双元制、美国的社区学院、澳大利亚TAFE（Technical And Further Education）等。二是结合本国实际情况，对外来高等职业教育思想进行借鉴学习。任何一种成熟的高等职业教育模式都带有自身的文化背景、历史传统、民族特色，而高等职业教育国际化不是国际趋同化，单纯依靠学习模仿发达国家高等职业教育模式是难以解决本国高等职业教育实际问题的，盲目地模仿将会产生水土不服。三是高等职业教育在学习借鉴他国经验的基础上，通过内在转化构建符合本国教育实际的新的教育理论和思想。国际化发展到一定阶段，本国的高等职业教育模式逐步在经济全球化、文化多元化的趋势中走向世界，最终成为高等职业教育理念与方法的输出国，真正实现高等职业教育的国际化。

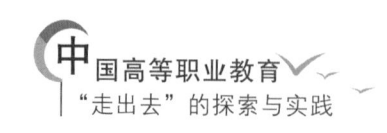

（二）高等职业教育本土化

本土化是相对于国际化而言的，而高等职业教育的"本土化"概念是建立在引进和借鉴的基础上的。不断引进和借鉴外来文化，要求一个国家在发展过程中仍要保留和体现自身民族的特色，在本土文化的土壤中吸收外来文化，从而使外来文化和本土文化融合以适应社会文化发展要求。高等职业教育本土化是以高等职业教育多元化理念为指导，充分理解本土高等职业教育和国际高等职业教育，将外来高等职业教育思想转化为本国高等职业教育实际，彰显本国文化特色和民族特征，体现本土特征的过程。任何一种成熟的高等职业教育模式都是在自身的文化背景、民族特色中形成的，对外国职业教育理论全盘接受或是盲目照搬进行简单"拿来"，其结果很容易产生"水土不服"。接收国必须根据本国的实际情况对外来高等职业教育模式进行重新检验，实现与本国制度文化观相符，构建符合本国高等职业教育持续发展目标的高等职业教育体系。简而言之，中国高等职业教育"走出去"是指中国高等职业教育经验如何在输入国本土被吸收、被认同，最终转化成为本地高等职业教育的有机过程。

二、高等职业教育国际化与本土化相互关系

（一）高等职业教育国际化和本土化相互影响

高等职业教育国际化和本土化是高等职业教育发展过程中不可或缺的两方面，不断转化。国际化是全球化和现代化对职业教育进行的一种价值选择，为高等职业教育的发展带来了更为宽广的视野，促进全球优秀高等职业教育资源的交流和共享。国际化的最终目的是提高教育质量，使教育质量不断地趋向国际规范，符合国际标准，彰显和丰富本土

文化的个性。本土化基于民族特质，是民族文化的结晶，构成了世界文化的丰富多样性，使高等职业教育国际化的交流与合作成为可能。高等职业教育国际化与本土化的关系是不断变化的，在彼此促进的动态变化中实现螺旋式上升。

（二）高等职业教育国际化和本土化相互依存

没有高等职业教育国际化对本土文化的刺激，就不能引发职业教育本土化的思考；失去职业教育国际化时代色彩，本土化将无所依托。而国际化中的外来高等职业教育文化也只有通过本土化的方式才能进入本土的高等职业教育实践中来，失去了本土化环节的国际化，最终只能是文化霸权化和殖民化。因此，任何一国高等职业教育要想获得自身的发展，走国际化和本土化相结合的道路，吸收借鉴别国先进经验"为我所用"是理性选择，使本国高等职业教育与世界高等职业教育相得益彰，才能实现国际交流的双向平等。

三、高等职业教育国际化与本土化的矛盾关系

本土化拒斥外来文化，而国际化引进新兴文化，与本土已有的传统形成对立。在高等职业教育过程中，本土化排斥文化、价值、理念等方面的国际化，对于技术层面的国际化采取积极的态度，而国际化却更希望精神层面进入本土。大部分引进的国际优质资源未能完全融入课程教学，"落地"教学规模及层次较低，浪费了国家的外汇投入，又不能为国际化专业课程建设服务。资源的本土化二次开发利用不够深入，优质境外资源的优势难以充分发挥，非但未能形成优势，反而构成了障碍。反思中国高等职业教育体系国际化发展与本土化构建，主要存在"三重

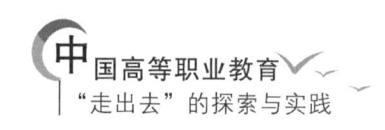

三轻"和"三多三少"的失衡①。

(一) 重引进、轻创新与多趋同、少特色的偏颇

引进优质职业教育资源与形成中国特色现代高等职业教育体系是辩证统一的关系。前者是条件，后者是目的，要想处理好这两者的关系，关键在于创新。如德国"双元制"是世界职业教育的经典模式，但离不开本国经济基础和文化传承。因此，中国高等职业教育在适应世界性的同时，要关注中国高等职业教育自身的独特性。中国高等职业教育长期深受传统文化和教育观念的影响，使得其在国际交流与合作方面更倾向于引进，自主创新意识相对落后。历史上高等职业教育趋同化发展的问题与此有较大的关联性。因此，认真反思和解决此类问题有助于中国特色现代高等职业教育体系的构建与发展。

(二) 重技术、轻人文与多功利、少和谐的缺失

高等职业教育从本质而言，是一种专业技术和职业能力的教育，但并非排斥贬低文化，特别是社会人文学科教育。从 21 世纪教育发展趋势可以看出，科技与人文和谐统一是职业教育改革的明天。当今世界高等职业教育正逐步从重技术能力培养轻人文素养教育向技术与人文和谐发展转型。"我们必须学会把技术的物质奇迹与人性的精神需要平衡起来。"② 因为一旦失去平衡必将会给人类造成麻烦。反思中国高等职业教育，偏重于对学生专业技术和职业能力的培养，轻视社会人文学科教育，主要表现在：忽视教育"以人为本"的不懈追求，而功利主义教育

---

① 蒋旋新.中国现代职业教育体系国际化发展与本土化研究 [J].中国职业技术教育，2011 (24)：19-20.
② 〔美〕约翰·奈斯比特.大趋势——改变我们生活的十个新方向 [M].北京：中国社会科学出版社，1984.

价值观念流行，片面追求经济性指标；课程内容能力与素质失衡，融入课程思政元素不足，不利于高职院校学生的民族精神培养和价值观的形成。因此，在中国高等职业教育通向国际化发展过程中，必须重视培养富有国际竞争力的本土化人才。

（三）重经验、轻研究与多形式、少实效的弊端

构建中国特色的高等职业教育体系，实践经验重要而不可缺少，但如果感知的体验上升不到理性的高度，不能够支撑和引领中国高等职业教育的创新发展。在高等职业教育国际化的声浪中，推进本土化发展是一个维系民族的大事，对传统的继承和对世界的借鉴同等重要。因此，必须重经验又不能惟经验，面向世界改革开放但又不能迷失方向。因为"知识的系统化不可能在密封的船舱中进行，因为一切普遍真理都是互为条件的"。[1] 改革开放 40 多年来，我国高等职业教育国际化发展，尽管与北美欧洲等国家与地区开展了多种内容与形式的职业教育交流与合作，但仍处在上升阶段，理论准备不足也是突出问题。长期以来高等职业教育国际交流与合作理论研究明显滞后于现实发展，国际交流与合作虽然遍地开花，但实际收效不佳。目前大部分高职院校中外合作项目规模偏小、形式单一、质量偏低的现象仍比较凸显，与高等职业教育国际化投入成本还不相称，与办人民满意的高质量的高等职业教育仍有较大差距，成为制约中国高等职业教育国际化发展的障碍。

世界各国的高等教育各有特色，即使是美国与欧洲许多发达国家之间的高等教育也有不少差异。虽然自改革开放以来，中西方文化的交流已开展多年，但传统的思想以及人文精神与西方尚有差距。因此，在中

---

[1]〔美〕欧文·拉兹洛. 系统、结构和经验[M]. 上海：上海译文出版社，1987.

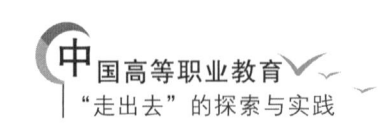

国借鉴国外高等教育国际化的成功经验时,应处理好中国高等教育国际化与本土化之间的利害关系,抵制西方腐朽思想与潮流的负面影响。[1]

第二节　国家投入与教育保障互不兼容

在"一带一路"的倡议下,"走出去"是各个企业的最佳选择,"走出去"是企业在市场经济竞争环境下寻找区位优势的必由之路。但是企业在"走出去"的时候会面临一些问题,仍存在着国家保障与高等职业教育保障不充分之间的矛盾和高职院校自身发展与"走出去"动力不足之间的矛盾。

一、国家保障与高等职业教育领域保障不充分之间的矛盾

(一) 政策和法律保障机制存在"空位",高职院校办学动力不足

高等职业教育"走出去"存在着投资和办学风险,政府间协作机制不健全,政策支持力度不足,高职院校国际化能力欠缺,破解这些难题需要协同攻坚。当前最突出的问题是国家立法滞后,企业缺乏法律保障。中国目前尚未形成统一的海外投资管理法律,大多数是国务院部委发布的行政法规或是相关政府主管部门的内部政策,海外投资项目得不到充分的保障,甚至还存在一些与法律法规相互抵触的现象。由于中国尚未有明确的高等职业教育"走出去"保障机制,普遍缺乏强烈的"走

---

[1] 付红,聂明华,徐田柏.中国高等职业教育国际化的风险及对策研究[M].北京:人民出版社,2015:79-80.

出去"的"主人翁"意识。由于对高等职业教育"走出去"重视程度不够，当前政府缺乏对高等职业教育"走出去"的宏观规划与相关政策支持，尚未建立与发达国家类似的海外投资服务网络，尚未建立完善的质量保障体系。相关部门之间尚未形成减少和化解境外办学风险的合力，导致高等职业教育"走出去"面临着重重的困难。

（二）办学资金投入存在"错位"，高职院校办学"瓶颈"突出

境外办学投资成本高，办学经费不足是境外办学的"堵点"和"痛点"。高职院校"走出去"办学需要较多的经费支持，然而，目前高职院校"走出去"办学绝大部分依靠学校自身的资金，如果仅靠高职院校的一己之力，很难保证合作项目能否维持长期的良性运行。我国现行财政政策不允许公办院校对境外办学进行投资，导致境外办学的经费投入根本满足不了实际办学的需要。"走出去"的企业为了培养适需的专业人才，投入经费多但是收效不理想，没有"走出去"的企业，由于税收减免等优惠政策方面存在问题，缺乏参与境外办学的驱动力。近年来，国家持续增加在"一带一路"领域的教育投入。然而，国家在教育领域整体投入中不平衡、不充分的矛盾随之明显，高职院校受项目限制较大。一系列中国政府奖学金并没有覆盖到专科层次的高等职业教育，资助群体依旧为本科、硕士和博士阶段的人才，这也是目前"一带一路"国家来华留学生进入高职院校占比极低的主要原因。因此，职业教育"走出去"需要多渠道获取经费保障，以减少"走出去"办学的风险。

（三）发展战略规划存在"缺位"，高校办学难以精准发力

由于中国高等职业教育起步较晚，探索实践经验较少，高等职业教育"走出去"相关政策还不完善。2010年至今，国家相继出台《关于

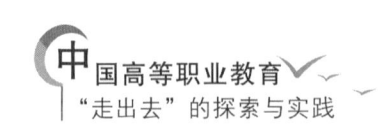

加快发展现代职业教育的决定》等 30 余个教育国际化相关政策，但多为教育领域的指导意见，缺少国家层面教育、商务、外交、文化等多领域多层次的整体性方案，专项政策缺乏可操作性实施细则。"走出去"办学还面临诸多挑战。教育行政部门在立足本地区位优势和学科优势、规范指导高职院校境外办学方面，尚未形成与企业"走出去"和沿线国家发展需求有效对接的体制机制，尚未构建对高职院校境外办学具有决策咨询价值的信息平台，使得大部分高职院校境外办学定位不清晰，缺乏明确的发展规划。如"走出去"的专业涉及面较窄，而既能精通业务、通晓国际规则，又能把握当地政治、经济、文化习俗的人才缺乏。

二、高职院校自身发展与"走出去"动力不足之间的矛盾

（一）国际合作交流规模小，特色化、高水平的项目少

高职院校国际合作交流总体上规模比较小，特色化、高水平的项目较少。学生交流主要以"走出去"为主，国外院校学生来中国交流学习的比例较低，缺乏双向互动，学生赴海外实习锻炼、长期交换学习的机会少，个性化、特色化和主题性强的项目比较缺乏。教师培训缺乏统筹规划，培训主题与特色专业打造、国际化人才培养、国际化课程建设的契合度低，学习时间短，深度不够。海外引智方面，合作模式和引智政策缺乏创新，专业教学和科学研究等领域的外籍教师的比例较低。国际生教育方面，学历留学生规模较小，存在着生源结构不合理等现象。涉外办学方面，与国外企业和高校建立合作办学项目和机构的高职院校较少，在教学标准、教学模式、考核评价等方面缺乏实质性对接，学术氛围不浓厚，国际化科研能力和积极性不足，举办和参与国际学术会议较少。

（二）现有平台功能分散、单一，综合协同创新平台缺乏

当前，高职院校已经搭建了中外合作办学项目或机构，部分高职院校已建立起鲁班工坊、海外技术技能培训基地等"走出去"的国际合作平台，在推进高等职业教育"走出去"方面起到了一定成效，但是总体建设水平不高，合作机制不健全，缺乏高层次团队。目前很多高职院校还是以零散的课程、师资等国际资源引进为主，缺乏专业建设、人才培养、教学管理的融合创新；海外技术技能培训基地主要以开展技术技能培训为主，缺乏对目标国高等职业教育政策、劳动力市场等方面的研究，尚未建立与当地政府、行业、企业和高职院校的沟通机制，难以形成世界认可的行业标准和中国高等职业教育境外办学品牌。同时，高职院校缺乏统一的国际化创新协同平台，国际化专业建设、人才培养、科研合作、产教融合等工作缺乏战略协同和创新力量。

（三）国际化产教融合层次低，逻辑诉求尚待协同

近年来，高职院校通过建立鲁班工坊、产业学院探索国际化产教融合模式，但在实践中政府、学校、企业三方的逻辑诉求难以协同，存在"政府主导、学校虚位、企业缺位"的现象。政府在政策上鼓励高职院校参与"一带一路"建设，助推企业"走出去"，但尚未建立完善的指导意见，特别是在涉外办学机构、海外培训基地设立等国际校企合作领域缺乏针对性的保障机制。企业在校企合作过程中缺乏内在办学动力，未能将企业的发展理念、技术、资源与高职院校的专业建设、课程设置、人才培养等有效协同。高职院校在"走出去"产教融合方面定位不够清晰，资源整合能力不足，与企业"走出去"的人才需求相对脱节，专业知识、专业技能等与跨文化交流缺乏有效结合；教师的专业技术技

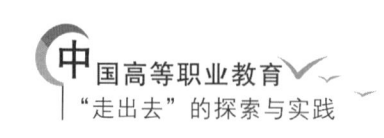

能积累不足，综合素质有待提升，导致高职院校培养的学生在跨文化交流、技术技能等方面的综合素质不高，无法直接为"走出去"企业所用。

第三节　顶层设计与区域政策内在冲突

高等职业教育"走出去"既要有国家的顶层设计，又要有区域的具体规划。国家层面顶层设计了《推进共建"一带一路"教育行动》等一系列政策，为高等职业教育共建"一带一路"指明了方向，但针对高等职业教育"走出去"缺少相关的政策规定，地方政府和教育主管部门推进共建"一带一路"尚未形成长效机制，使得国家政策难以落地，仍存在着顶层定位明确与基层实践路径不明的矛盾、高职院校迫切"走出去"与国际化办学理念落后之间的矛盾等。新时代赋予了高等职业教育新的机遇与挑战，面对国际国内新的形式和新的机遇，如何加快推进职业教育国际化，培养国际化技术技能人才；如何加快现代职业教育体系，以国际化促进现代化；如何根据区域特色构建区域国际化发展模式和根据院校自身功能定位选择国际化发展策略等是我们迫切需要解决的问题。因此，高等职业教育"走出去"既是顺应时代的诉求，也是适应现实发展的应然之策。

一、顶层定位明确与基层实践路径不明的矛盾

中国高等职业教育在国际化交流、合作与办学等方面虽然进行了积

极努力的探索和尝试，但是由于多方面的原因，尚缺乏系统有效的管理和相配套的顶层设计。

(一)基层尚未建立明晰的"走出去"路径，存在各自为政现象

在《推进共建"一带一路"教育行动》中明确支出，鼓励中国优质职业教育"走出去"，探索开展多种形式的境外合作办学，合作设立职业院校、培训中心，合作开发教学资源和项目，培养当地急需的各类"一带一路"建设者。部分基础条件好、办学实力强的高职院校已经先试先行，积极打造"走出去"的样板工程，但由于顶层与基层制度体系尚未很好地互相弥补，战略层面的引领难以和具体项目有机地结合起来，加之"一带一路"国家的具体诉求各不相同，更使得高职院校在合作对象和合作方式的选择上充满了盲目性，很多高职院校很想通过"走出去"参与"一带一路"建设，但是不知道怎么走、走去哪里，针对"一带一路"沿线国家的需求缺乏详细调研，为高职院校"走出去"提供精准决策支持的能力不足。目前大部分高职院校没有意识到在全球化的大背景下，高等职业教育进行国际化办学已经成为一种必然趋势，这就严重阻碍了高等职业教育"走出去"的进程。从宏观角度看，虽然中国高等职业教育的国际化活动呈现逐年上升趋势，但参与国际化办学的高职院校并不普遍。

(二)地方缺乏"走出去"的具体目标和规划

高等职业教育"走出去"既要有国家总体部署，又要有地方的具体规划。一方面，国家层面大力推进共建"一带一路"教育行动，顶层设计了《关于做好新时期教育对外开放工作的若干意见》《推进共建"一带一路"教育行动》等一系列政策，为高等职业教育共建"一带一路"

指明了具体方向和行动指南。另一方面，区域政策推进的成效甚微，国内发展的不平衡导致高职院校国际化发展不均衡。高职院校国际影响力50强院校中，江苏、浙江、广东等省份高职院校国际影响水平始终排名前列。经济发达地区和沿海省份国际化水平明显高于其他地区。不均衡的区域发展也制约了中国高等职业教育"走出去"水平的整体提升。地方推进共建"一带一路"的主体性不足，使得国家政策无法落地。尽管大部分省份出台了落实"一带一路"建设和扩大教育对外开放的具体规划，但聚焦到高等职业教育层面，仍处于"碎片化"阶段，甚至把国家对地方的要求直接转嫁给高职院校，发展举措缺少区域特色。部分高职院校国际化工作只是停留在签订框架合作协议层面，表面上往往是热热闹闹，一派繁荣景象，实则冷冷清清，后续并无实质性合作内容，对学校的发展无实质性推动。因此，高等职业教育"走出去"趋势不可阻挡，如何通过国际化之路，不断强化高职院校的内涵式发展、努力提升办学实力，需要谋定而后动。切不可"脱实向虚"，甚至步入国际化的形式主义。①

（三）高职院校"走出去"缺乏针对性和有效性

近年来，中国高职院校虽有长足进步，但整体实力依然较弱，其中师资是最大的一块短板。虽然近些年大部分高职院校不断加大引进海归高层次人才的力度，但总体上来讲，高职院校教师用英语作为授课语言的能力还比较弱，极大地限制了专业资源，如专业标准、专业课程的对外输出。调研显示，高职教师在给留学生开设全英文课程时，对自己的英文表达能力缺乏自信，在面对母语是英语的留学生时更是如此。因

---

①胡解旺. 高职院校走稳国际化之路［N］. 中国教育报，2018-01-02（009）.

此，借助"一带一路"走向国际化，相互取长补短，在输出自身优势技能的同时，虚心吸收沿线国家职教的成功经验和较高水平的技能技术，同时，鼓励教师夯实外语基础，从而不断提高高职院校的国际化办学水平。[①] 在实际"走出去"过程中，部分高职院校盲目开展联合培养与合作办学，专业设置与人才需求严重脱节，部分高职院校片面地采取减少学费或提供奖学金等方式招收留学生，增加了高职院校的财政压力。在办学目标的设计上和针对办学主体的约束机制上缺少预见性和科学性，一方面受到国家政策的保护导致竞争机制作用的衰减，另一方面，在人才招聘与管理上因当地政府的干预而出现不确定性，很难达到预期效果。加之"三公经费"对高职院校"走出去"办学相关人员出入境的限制也影响了合作项目的推进。

二、高职院校迫切要求"走出去"与国际化办学理念落后之间的矛盾

（一）国际化办学理念滞后，制度性建设不足

从现阶段高职院校"走出去"办学实践来看，办学理念认识不充分，"走出去"办学机制不健全制约了高职院校"走出去"。一是大部分学校虽然都把国际化列入了学校的中长期发展规划，但缺乏切实可行的实施方案，未把国际化作为一项战略性任务来抓。部分高职院校尚未建立国际化发展组织框架。缺乏完善的工作机制，无法高水平高质量地推进工作。国家示范校、国家优质校逐步意识到"走出去"办学的重要性，积极拓展国际合作，但全国范围内高职院校的国际化办学理念尚未

[①] 汤晓军. 中国高等职业教育国际化现状研究 [M]. 苏州：苏州大学出版社，2021：72-73.

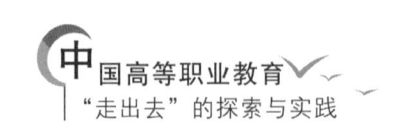

完全树立，政府层面和高职院校层面的体制机制配套不足。高职院校在观念上更多注重学生技术技能的培养，忽视跨文化沟通、理解、管理等国际化综合素养的提升，部分高职院校局限于自身办学实力、办学规模和财政资金的压力，国际化办学的内生动力不足。许多高职院校虽然建立了国际化的工作机构，但仍缺乏学校层面的制度性保障，难以将国际化办学理念落实到实际工作中。

（二）政府、院校、企业三方协调不畅

高职院校的重要属性之一就是产教融合、校企合作。在"走出去"过程中，越来越多的中国企业参与到"一带一路"沿线国家和地区的基础设施项目，诸如装备制造、新能源、高铁等产业急需大量目的国的技术技能人才。高职院校应了解我国"走出去"企业和沿线国家本土企业对人才的具体需求，校企深度合作，针对人才培养中存在的主要问题，解析问题要素，针对性地提出解决问题的措施，将解决问题的措施融入人才培养体系中，真正培养出企业所需要的国际化技术技能人才。然而，校企之间缺乏合作沟通平台，学校对"走出去"企业的需求调研不深，企业对学校是否能提供人才、技术、管理等方面的支持了解不足。当前，高职院校"走出去"项目多采取与目的国院校合作的模式，大多数"走出去"的项目缺乏政府或企业的介入，项目质量难以保障，项目建设可持续性差。根据责权利对等原则，政府、院校、企业中的任何一方，只有在"走出去"过程中三方所承担的责任、所赋予的权力和所享有的利益对等时，才会产生联动的动力和合作的积极性。然而，由于三大主体有着各自的行为逻辑，存在着不同程度的责权利分离的现象，其中最突出的是，政府没有准确定位好自身在高职院校"走出去"过程中行使什么权力；企业由于以经济利益为导向，造成社会责任与企业利益未挂钩；高职院校教育输出能力有限，难以承担"走出去"的责任。因此，应构建政校企共同体来协调各相关主体的责权利，保障高职院校"走出去"的可持续发展。正如马克思指出："真正的共同体"应当超越"抽象共同体"和"自然共同体"，它既要基于个体成员的自由发展，又要能够代表全体成员之共同利益。[①] 政校企共同体的建构应当以服务"一带一路"倡议下高职院校"走出去"为宗旨，遵循合作共赢、资源共享的原则，积极引导高职院校和企业加入共同体中来，探索有利于三元主体均衡发展的机制。

三、高等职业教育服务企业"走出去"的多维困境

（一）高等职业教育人才培养和供给能力参差不齐

目前，我国对高等职业教育"走出去"的重视程度得到了进一步提升，越来越多的高职院校对其自身有了明确的定位，一些地方性的高职院校基于本地发展状况，在人才的培养方向、培养模式、培养过程以及培养方法等方面进行了提高。高职院校虽然搭建了多种多样的合作平台，但与企业开展海外业务的需求仍然不够契合。高职院校的专业建设和人才培养停留在国内产业发展趋势上，对于有海外业务拓展需求的企业开展的有针对性的调研比较少，企业"走出去"所需要的复合型技术技能人才培养不足，相关人才较为紧缺。在校企合作方面，高职院校在"走出去"过程中充分展现自身的特色，突出表现在专业设置、按照企业需求进行人才培养等方面，但是由于经济条件、办学经费、师资建设等的不足，一些高职院校的"走出去"呈现出人才培养和供给能力参差

---

① 马克思，恩格斯. 马克思恩格斯文集：第1卷 [M]. 北京：人民出版社，2009.

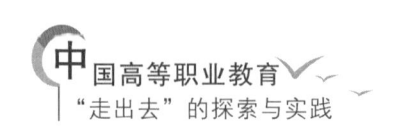

不齐的状况。

(二)课程开发与企业海外业务相融合的匹配性较低

高职院校注重产教融合,但与合作企业联合开发的课程主要集中在一般的业务性项目,由于涉及对外政策、国外技术标准、法律环境等内容,企业海外项目拓展需要进行全新的探索和实践。企业与不同国家的合作方式也不尽相同,很难形成较高参考价值的实践案例,课程开发对接企业海外业务拓展也比较滞后。企业拓展海外业务需要大批技术技能型人才,需要一定的技术培训师资,更需要专门的培训基地,面向"走出去"企业,针对在当地招募的新员工应开展必要的技术技能培训,使他们掌握基本的工作技能。然而,此类培训平台和资源仍然比较匮乏,适应企业"走出去"所需要的培训服务仍然不足。

第四节 刚性需求与内涵供给难以相配

"一带一路"沿线国家对中国高等职业教育在人才、设备、技术等方面具有强烈的刚性需求,然而,中国高等职业教育由于自身还缺乏足够强大的软硬件,高等职业教育本身的内涵式发展不足,导致高职院校"走出去"过程中困难重重,缺乏获得国际认同的标准,面临境外劳动力资源的技术技能水平差异大等问题,表现出"一带一路"沿线国家的需求强烈与高职院校自身有效供给能力不足的矛盾、"走出去"企业对人才的强烈需求与高职院校内涵建设不足之间的矛盾。

一、"一带一路"沿线国家的需求强烈与高职院校自身有效供给能力不足的矛盾

(一) 高职院校"走出去"海外办学目标欠缺科学性，约束机制尚待形成

高职院校"走出去"海外办学主要目标是培养适应"一带一路"建设要求的国际化、复合型人才。然而，实际办学过程中，部分高职院校与中介盲目开展联合培养与合作办学，专业设置和人才培养与实际需求相脱节。也有部分高职院校为吸引国际生源片面地采取减少学费或提供奖学金等方式招收留学生，增加了学校的财政压力，走向了另一个极端。同时缺乏针对办学主体的约束机制。海外高职院校的投资创办一方面受到国家政策的保护以及人事招聘与事务管理往往因当地政府的干预而出现左右摇摆不定，达到各方平衡的行之有效的约束机制尚未形成，高等职业教育"走出去"效果难以达到预期。目前，中国高职院校"走出去"办学主要集中在发展中国家，一些高职院校盲目开展国际合作办学，大多数的合作办学形同虚设，一定程度上影响了高职院校"走出去"的办学声誉与影响力。此外，还存在着海外建设学校或培训基地运营成本高、生源不确定性较大、经营持续性差等问题。

(二) 高职院校"走出去"缺乏合理的战略规划和较高的办学水平

受传统双轨教育制度的影响，中国高职院校基本由中职升格而成。与综合类高校相比，高职院校层次较低。尽管近年来中国的学制逐渐向单轨学制转化，但由于生源、办学条件、师资水平等方面的制约，高职院校很难向本科层次跨越，导致了高职类院校不管在教学科研水平上，还是在师资、生源质量上均很难跨越到更高层次。长期以来，中国高等

职业教育都是适应性教育，被动地适应企业、产业对各类人才的需要，企业需要什么类型的人才，高等职业教育就培养什么样的人才，所培养的人才却难以满足高精尖产业对高层次人才的需求，要改变这一现状，高等职业教育必须树立引领中国产业发展的远大目标。此外，高等职业教育"走出去"教学信息化建设相对落后，教学方案、计划、标准、考评等环节缺少必要的信息化技术支撑，缺少标准化教学，特别是在新冠肺炎疫情冲击下，国内高职院校与海外当地院校的联合办学传统模式将面临数字化和信息化转型的严峻挑战。

（三）高职院校"走出去"高质量师资队伍与高等职业教育输出需求的匹配性不足

教师作为国际化人才培养的主要引导者和参与者，是影响高等职业教育国际化的关键因素。衡量高职院校师资构成的国际化水平主要有以下指标：在海外取得学历、学位的教师数量，具有1年以上海外留学经历的教师数量，具有1年以上海外工作经历的教师数量，具有3个月到1年海外短期培训经历的教师数量，外籍教师比例（外籍教师占全校教师总数的比例）和外籍教师授课比例（外籍教师授课时数占全校课时数的比例）等。在国内教师双语教学率这个核心指标上，更是不容乐观。当前，高职院校国际化师资力量不足，表现在国际化师资引进机制不健全、教师外语水平欠缺、跨地域适应能力不足、跨文化沟通能力不够、教师基于国际化要求的专业探索能力和自我提升能力不强等方面，擅长使用小语种进行专业教学的教师更是凤毛麟角。

从"外引"上看，主要存在以下问题。高职院校境外高端人才引进体制机制不够健全。在境外高端人才的引进模式、招聘方式、福利待遇、职业规划与岗位设置等方面谋划不足，一些高职院校甚至尚未正式出台境外人才引进相关政策与管理规定，人才引进体制机制不够健全，内涵建设严重不足。限于办学层次和软硬件等因素，高职院校对外籍专家和教师的吸引力十分有限。调研显示，大部分高职院校的外籍教师数量是个位数，比例很低，且主要在校开展语言教学和中外合作办学项目的基础课程教学，在其他专业领域发挥的作用相对较小，鲜有进行技术技能培训和指导的专家。

从"内培"来讲，存在的问题有以下几方面。第一，高职院校与教师的国际化师资建设意识有待加强。部分高职院校尚未充分认识到教育国际化是高等职业教育发展的重要内容。受此影响，部分教师则安于现状，缺乏国际化学术视野与国际化教学能力。第二，国际化师资培训体系尚未建立，部分高职院校未将双语教学、文化沟通交际等国际化能力纳入现有的师资培训体系。部分高职院校将聘请外国专家为国内教师开展短期性的培训和交流等同于进行了高职教师国际化教学能力的培训。有些高职院校由于用于国际化师资设的资金不足，只有极少数优秀骨干教师领导可以参加。部分高职院校教师难以达到出国（境）培训所要求的外语水平。教师缺乏对外沟通的机会，外语能力不强，在参与对外教学活动中缺乏自信，对应的国际视野、沟通和适应能力的培养与国际化建设需求不相适应。第三，部分高职院校在开展教师赴国（境）外培训时，存在培训要求和预期成效不够清晰的问题，导致培训需求与预期成效不够贴合。如若未仔细遴选承训单位，出现承训单位资质不够的情形，教师在国（境）外培训质量更是难以保证。部分院校不重视总结培训成果，未在教学与管理实践中予以对比吸收，成果转化效率不高。随着高职院校来华留学生规模的不断扩大，和学生朝夕相处、负责学生日常事务管理的来华留学生辅导员的队伍建设显得尤为重要。目前，部分院校已经逐步建立了针对来华留学生的专兼职辅导员队伍，但对于来华留学生辅导员职业能力标准建设仍缺乏顶层设计，导致来华留学生服务能力和服务水平长期得不到提升，来华留学教育的质量受到社会和公众的质疑。

近年来，高职院校虽然更加注重引进有海外留学背景的人才，但高职院校在"走出去"实践中，师资队伍短缺，培养国际化人才的基础薄弱。一方面，"一带一路"建设所涉及的行业众多，包括交通运输、装备制造、能源建设与信息服务等，而国内各相关领域的教师普遍缺乏赴"一带一路"沿线国家参与技术技能提升的意愿，难以满足庞大的高等职业教育培训需求；另一方面，面对海外建设中复杂的工作环境，满足国际化人才培养要求的专任教师严重缺乏，大部分高职院校教师难以做到知识与能力的与时俱进，语言方面，缺乏大批能够从事双语教学的专业课教师，尤其缺少精通"一带一路"沿线国家与地区小语种的教师，相当一部分教师仍不具备基本的英语教学能力，掌握非通用语言的教师数量更是严重不足，极大地限制了中国高等职业教育"走出去"开展人才培养的广度与深度。在国际职业资格证书方面，具有国际专业机构认可的职业资格证书的专任教师不足，其业务水平难以得到国际认可，部分在国内优秀的师资普遍存在着不适应海外环境、待不住的情况。从整体上看，高职院校师资队伍的国际化教学水平较低。

（四）中国高等职业教育国际化课程体系不完善

高等职业教育国际化并不是意味着高职院校的专业建设存在一个固定的模式，更不是说欧美高职院校的国际化模式就是无懈可击的。中国高等职业教育课程体系与国际上发达国家的课程国际化所要求的程度差距较大，导致了高等职业教育难以适应高等教育国际化大发展的要求。在高职院校中，各个专业和学科对于本科领域国际前沿科学知识和科技成果的介绍很少，没能使就业前景和市场导向得到应有的重视。在课程设置的过程中，针对性、专业性、实用性的课程多于涉外行业所需要的专业课程。国外高职院校在专业结构和课程设置等方面体现出灵活的特征，实现了人才培养与人才市场需求的较好结合。特别需要指出的是，与国内高职院校专业设置以专业为基础不同的是，国外高职院校是以课程为基础，是课程设置具备国际性的具体表现。另外，在决定国际化人才培养质量的关键环节如课程考核、毕业论文（设计）、学分、教学质量监控方面缺乏有效的考核评价体制，导致培养出的学生达不到国际市场对于复合型技术技能人才的要求。为了保障国际化人才的培养质量，建立人才培养评价机制是必要的。上述问题都成了国际化课程体系发展不容回避的问题。近年来，中国高等职业教育积累了大量优秀的职业教育课程，但以外语为载体的精品课程数量相对不足。[1]

（五）高职院校"走出去"职业标准输出不足

职业教育标准是指职业教育领域内可量化、可监督、可比较的统一规范和技术要求，是一个国家教育标准体系的重要组成部分。首先，虽然近些年高职院校输出的专业教学标准、课程标准逐年增多，但多由院校自主申报，并未有国家或省级层面出台的认定规则加以检验、监督。其次，高职院校对国际职业教育标准体系的研究认知不够深入，对此研究学术兴趣不足，缺少对中国职业教育的改革经验、模式系统的总结和梳理，特别是可复制、可推广的经验。再次，中国职业教育标准的通用

---

[1] 李子云. 中国高等职业教育国际化 [M]. 北京：北京工业大学出版社，2019：89-90.

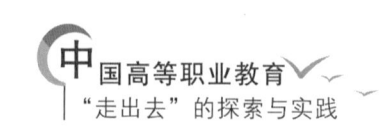

性不强。"一带一路"沿线涉及 65 个国家，官方语言达 53 种，"走出去"首要面临多语种文本的问题。调研显示，绝大部分输出至"一带一路"沿线国家的高职课程标准是英文文本。相比之下，官方语言使用频率第一的阿拉伯语和第三的俄语文本几乎为零，侧面说明高职院校标准的输入国主要是英文比较通行的东南亚国家。最后，高职院校在制定国际职业教育通行标准、国际资格证书等方面参与力度不够，向国际社会宣传并推广我国职业教育发展成果的渠道层次不高，大多是院校个体的、零散的行为，宣传效果不明显。

当前对国际高等职业教育标准体系对比研究不足，现有的研究基本以各院校的具体做法为主，缺乏宏观层面的论述。高职院校在主导制定国际职业教育标准、国际资格证书等方面力度不够，向国际社会宣传并推广我国高等职业教育发展成果的渠道层次不高，标准等成果输出面临着多语种文本的问题。虽然近些年高职院校输出的专业教学标准、课程标准逐年提升，但多由高职院校自主申报，并未有国家或省级层面出台的规则加以认定、检验和监督，且存在输出高职院校所在区域不够均衡的问题。参与国际标准开发制定不足，参与国际职业教育标准制定是我国高等职业教育提升国际影响力的重要途径。当前，高职院校对国际职业教育标准体系的研究认知不够深入，参与国际标准开发制定工作的主动性不高，中国特色的高等职业教育标准体系建设推进力度不够。

二、"走出去"企业对人才强烈需求与高职院校内涵建设不足之间的矛盾

（一）缺乏校企协同"走出去"的机制和平台

当前，高职院校"走出去"办学刚刚起步，区域分布还不协调，高

职院校在"走出去"的过程中难以满足"走出去"企业的生产与经营发展诉求。"走出去"企业迫切需要了解当地政治、经济、文化、教育，迫切需要匹配企业"走出去"的人力资源，迫切需要企业海外发展的相关技术支持，然而，当前大部分高职院校仍难以满足企业的这一需求。校企双方信息不对称，缺乏沟通渠道。目前国内高职院校反映"走出去"难，缺乏信息和利益共赢机制，制约了高职院校伴随企业"走出去"的步伐。再加上"一带一路"沿线大多数是新兴经济体与发展中国家，其高等职业教育相对滞后。可见，高职院校与企业协同"走出去"需要为海外投资企业搭建服务平台，实现创新发展。

（二）职业院校缺乏对企业所需的国际化、复合型人才的精准定位

"一带一路"沿线国家和"走出去"企业，对技术技能人才都有着强烈的刚性需求。高等职业教育能不能"走出去"，关键看高等职业教育有没有吸引力，尽管中国已经建成了世界上最大的职业教育体系，但具备"走出去"实力的高职院校不多。标准体系迟滞、校企合作形式化、国际化师资短缺等成为高职院校"走出去"的障碍。据统计，全国已有156所高职院校开展了国（境）外行业或专业标准开发，但尚未形成体系和合力。近几年，中国企业"走出去"的数量多，所需要的人力资源体量大，但在企业"走出去"过程中发现，输出国缺少熟悉中国设备又能够达到企业用人标准的高技能人才。因此，在中国企业"走出去"的过程中，迫切需要高职院校助力。然而，校企双方信息不对称制约了高职院校伴随企业"走出去"的步伐，导致高职院校无法满足企业的需求。

（三）政府、企业与院校多元共育存在偏差

在高职院校"走出去"的过程中，不同利益主体对高等职业教育具有同样的诉求，主体间通过博弈、协调、对话、谈判从而达成广泛的共识。但是，在多元共育过程中，由于利益主体具有不同的价值取向，利益诉求和行为逻辑存在着不一致，难免发生治理逻辑的偏差。政府是"一带一路"倡议下高职院校"走出去"的重要主体。然而，由于体制机制问题，教育行政部门、人力资源和社会保障部门与"走出去"的高职院校存在着信息壁垒，政府管理上管得过多、过死，政府与高职院校之间存在"期望"与"权力"的不相匹配。政府制度缺失导致高职院校"走出去"无章可循，高职院校境外办学几乎处于政策的真空状态。由于援外项目建设与资金使用的归口管理不明确，高职院校在设备购置、教师派遣等方面存在着诸多不便，影响了高职院校"走出去"办学的步伐。

（四）企业的结果取向造成高职院校"走出去"的急功近利

高职院校"走出去"过程中，企业作为重要的共育主体，在"一带一路"倡议下，因为校企之间的利益诉求不同，本质属性不同，社会使命不同，双方可能存在利益与责任联结冲突。企业基于自身的诉求，会参与到校园建设、基础设施建设、实训场所建设等硬件中来。但是，由于缺乏外部管理机制，高职院校和企业合作如果因为不可抗力因素而被迫终止，资金的使用权、基础设施的管理权等都会成为可能的问题，部分企业在"走出去"的过程中由于对所在国的法律制度和投资情况把握不足，损失颇大。此外，"走出去"的高职院校会与企业形成联结机制，高职院校的技能培训目标按照企业的要求设置，可能会造成培养出来的学生专业技能过窄等问题。

第四章 探索与创新：
高等职业教育"走出去"的板块破冰

党的十九大报告指出，要以"一带一路"建设为重点，坚持"引进来"和"走出去"并重。教育部等部门印发《职业教育提质培优行动计划（2020—2023年）》的文件中指出，加强职业学校与境外中资企业合作，支持职业学校到国（境）外办学，培育一批"鲁班工坊"，培养熟悉中华传统文化、中资企业急需的本土技术技能人才。推进"中文＋职业技能"项目，助力中国高等职业教育走出去，提升国际影响力。高等职业教育"走出去"的方式以"一带一路"沿线上的产业布局为目的，高等职业教育"走出去"要充分发挥中国高等职业教育的资源优势，推动职业标准"走出去"、中文＋职业技能"走出去"、中国特色高等职业教育体系"走出去"，在世界职业教育舞台上掌握话语权。

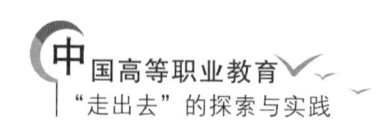

第一节 职业标准"走出去"

标准是一个国家综合实力的体现，是实施"走出去"战略的重要依据。高等职业教育"走出去"，核心是高等职业教育标准"走出去"。中共中央办公厅、国务院办公厅日前印发《关于推动现代职业教育高质量发展的意见》，强调建设一批高水平国际化的职业院校，推出一批具有国际影响力的专业标准、课程标准、教学资源，推动职业教育走出去，积极打造中国特色职业教育品牌。长期以来，我国高等职业教育国际化活动以引进并借鉴德国双元制、英国现代学徒制、澳大利亚 TAFE 等发达国家的高等职业教育标准、模式和管理经验为主，输出中国标准并被别国认可及采用的较少。参与制定国际职业教育标准，实现标准对外输出是我国高等职业教育深度参与全球教育治理、争取国际高等职业教育领域话语权的必然选择。教育主管部门、高职院校、"走出去"企业应积极协作，推动中国高等职业教育标准"走出去"。在中国高职院校向外输出的过程中，不管是输出师资力量，还是与当地校与校合作的方式等，都要以传播先进的教学理念、教学方法、教学技术为重要方向，同时还要注重中国高等职业教育文化的输出。

一、中国高等职业教育标准"走出去"的内涵

（一）课程标准"走出去"

近年来，中国已与 10 多个国际组织、30 多个国家建立了高等职业

教育合作关系，与德国、澳大利亚、荷兰、英国等国家签署了合作备忘录、定期开展研讨和项目合作。伴随中国职业教育体系的不断完善，将"一带一路"沿线各国高等职业教育纳入中国制订的高等职业教育体系中，便于沿线各国学生的交流互动、学历认证、升学就业等，已经成为高等职业教育"走出去"的必由之路。高职院校响应《中国制造2025》倡议，配合中国装备"走出去"和国际产能合作，开发与国际先进标准对接的课程体系，带动产业的发展。针对"一带一路"经济带上的区域产业结构调整的需要，高职院校应完善高等职业教育"走出去"的政策设计，及时关注国际企业的新技术、新工艺、新规范，通过对接用人标准和职业岗位群需求，开发具有中国特色、符合产业发展需求的高等职业教育课程标准。例如，广东农工商职业技术学院为英国培生集团开发了人力资本管理和猎头实务两门课程，已被英方认定并在110多个国家的7000多个BTEC中心使用，体现了中国职业教育部分课程标准已达到国际水准。

（二）行业标准"走出去"

行业标准是国际通用的重要评价指标。近年来，中国高等职业教育依托职业教育体系和广阔的就业市场前景，制订了一系列符合"一带一路"倡议的职业教育的行业标准，提高了中国职业教育的知名度和认可度，也为"走出去"企业提供了行业技能的认证标准。

扎实推进高职院校"走出去"优质项目试点。加强项目实践的政府统筹和经验总结，为行业标准建设积累"走出去"实践经验。从产教协同等方面遴选相对成熟、境外认可度高的行业标准，形成不同实践项目类型的"样板工程"加以推广。高职院校在办学过程中保持与行业发展同步，许多高职院校参与行业和产业技术标准的制定。在针对"一带一

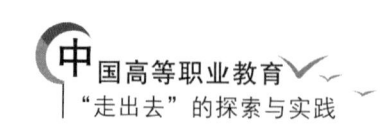

路"沿线国家的教育合作中,将中国自成体系的行业标准作为标准化的教学内容,在"一带一路"沿线国家某些还未建立行业标准的领域抢占先机,推动中国成为这些国家部分行业标准的制定者和引领者。例如广东农工商职业技术学院为广东农垦橡胶集团公司海外分公司开发了《橡胶加工安全生产规范》标准,目前已被广东农垦橡胶集团在泰国、柬埔寨、马来西亚、印度尼西亚等20多家海外公司认定和使用,3000多名企业员工受益。

(三)认证标准"走出去"

认证标准是国际通用的人才评价指标之一,西方国家在20世纪中期已经认识到实行等效的人才互认的重要性,到20世纪八九十年代已经形成了相对成熟的专业认证体系。《悉尼协议》是针对高等职业教育培养的工程技术教育的认证标准。中国高等职业教育能够依托"一带一路"沿线国家先进的教育体系,深入研究"一带一路"产业结构和人才需求,参照《悉尼协议》制订符合"一带一路"倡议的高等职业教育认证标准,不断提高我国高等职业教育的教学质量,打造国际高等职业教育品牌,使认证标准成为国内外技术人才自由流动配置的桥梁,为"一带一路"经济发展战略提供匹配的人力资源。同时,还要不断完善职业教育资格框架,加快双边或多边国际学历的关联互认,增进国际社会对中国高等职业教育的了解,实现海外学员在接受本国教育与接受中国高等职业教育之间的畅通衔接和等值转换。

二、中国高等职业教育标准"走出去"的路径

(一)多方聚力,增强职业教育标准国际化能力

当前,中国标准在国际上认可度不高,中国主导制定的国际标准仅

占国际标准总数的0.5%,高等职业教育标准也是如此。教育主管部门应高度重视标准输出的意义以及标准在高等职业教育国际化中的重要作用,立足区域高等职业教育特色开展标准输出。重点做好高等职业教育标准输出的顶层设计,研究出台相关工作实施意见等。"双高"建设背景下,高职院校应以专业群建设为载体,参与制定职业教育国际标准。开发国际通用的专业标准和课程体系,推出具有国际影响的高质量专业标准和课程标准。通过对"一带一路"沿线国家开展高等职业教育培训与服务,打造中国高等职业教育国际品牌。同时,在装备制造、交通运输等优势领域主动"走出去",建立由国内熟悉标准制定的专家、国外职业教育专家、"走出去"行业企业决策者、高职院校管理者、一线教师等组成的标准建设工作小组,统筹标准的制定工作。建立由政府、行业、企业等多部门参与的协同工作机制,保障标准研制的效率和质量。职业院校应明确自身的办学优势并针对"走出去"国家的实际需求,开展国家间高等职业教育各类标准的比较研究,借鉴发达国家高等职业教育标准开发方法,提炼出可复制性的标准要素,不断提升中国职业教育的话语权。

(二)多维共商,拓宽职业教育标准的输出路径

通过构建多维度、全方位的立体化格局输出中国高等职业教育标准及发展成果。通过开展中外合作办学、参与世界教育大会、主办高等职业教育和人文交流活动等国际合作载体,了解"一带一路"沿线国家高等职业教育标准和需求,有针对性地开展在高等职业教育领域的合作,输出中国高等职业教育标准。在行业中具有领先地位的"走出去"企业率先带动有条件的高职院校先行先试,大力开展与"一带一路"沿线国家的合作办学和高等职业教育培训,产生示范效应,实现高等职业教育

标准输出。同时，建立中国高等职业教育标准打造的人才培养基地，推动中国高等职业教育标准贯穿于人才培养的始终。通过数字化资源为主体的精品在线开放课程，对境外办学机构或合作院校的人员开展标准培训工作，筑牢标准走进、走深、走实。此外，积极加入国际高等职业教育标准研制机构，增强中国在标准制定领域的话语权，积极参与高等职业教育领域国际标准研讨活动，充分发挥中国高职院校担任国际教育联盟中方负责人的作用，助力中国高职职业教育标准走出去。鼓励支持有条件的高职院校开发国际通用专业标准和课程体系，充分发挥中国高等职业教育资源优势，推进高等职业教育技术设备、教材、课程、教学项目、教学管理、专业标准、评估认证体系以及高等职业教育整体解决方案的输出。

（三）多措并举，保障职业教育标准的输出效果

"一带一路"沿线不同国家具有不同的职业教育发展模式。因此，实现中国高等职业教育"走出去"，就要积极参与制定职业教育课程标准和行业企业技术标准，促进中国职业教育专业标准、课程标准、质量标准与国际接轨，促进课程互认、学分互认、学历互认、资格互认，实现就业市场的从业标准一体化。根据中外合作办学质量保障实施意见，研究制定高等职业教育标准的质量认证和评价方案，高职院校应积极申请认证，认证结果由教育主管部门采信。组建以研究高等职业教育"走出去"为核心的智库，推进"一带一路"沿线国家的高等职业教育及高等职业教育"走出去"的风险防范等研究，为高等职业教育标准输出提供制度保障。同时，还应研究如何发挥高等职业教育先导性优势，推动"一带一路"沿线各国的人文交流，促进民心相通。建立高等职业教育标准输出评价体系，重点关注标准的建设质量评价和标准输出的认可度

评价，特别要重视"走出去"企业的满意度评价。改革高等职业教育激励和评价机制，教育主管部门将高等职业教育标准研制等国际化建设相关成果纳入对高职院校及教师的考评体系，给予高职院校和教师职称评聘、经济补贴等优惠政策，激励高职院校和教师积极参与高等职业教育国际化建设与推广工作。

三、积极推进本土标准国际化，主动参与国际职教标准制订

（一）重视输出以专业建设为核心的标准

高等职业教育"走出去"，核心是高等职业教育办学模式和职业标准"走出去"。参与国际职业教育标准制定，实现标准对外输出是我国高等职业教育提升国际影响力的必由之路。以课程标准为例，首先，课程标准输出可促进目的国，如"一带一路"沿线国家高等职业教育的发展。教育教学标准贯穿着高职院校的办学理念，是保证教育教学水平与人才培养质量的基本教学文件，能将我国先进的高等职业教育理念、人才培养模式等传播到沿线国家，推动沿线国家高等职业教育教学标准建设实践的提升。其次，推动中国高等职业教育标准建设与内涵发展。在高等职业教育教学标准"走出去"的过程中，高职院校将会更加注重研制专业教学标准和课程标准，增强标准的科学性、规范性。因此，课程标准输出有助于进一步完善我国教育教学标准，推动高等职业教育内涵式发展。再次，增强职教话语权，提升国际影响力。教学标准包含技术标准、职业标准、文化与价值观，面向沿线国家推广教学标准，有助于厚植企业文化与中国技术，影响整个行业或产业，有助于提升中国标准、文化和价值观的国际认同度，彰显文化自信。要实现以职业教育标

准为核心的资源输出，应做到对内推动职业教育标准研制，对外推动职业教育标准输出。政府应认识到标准在职业教育国中的重要作用及标准输出的战略意义，明确职业教育标准输出工作的整体战略部署。成立由教育部、商务部、国家标准化管理委员会等部门联合组成的教育标准领导工作小组，组建"一带一路"智库，聚焦"一带一路"沿线国家的职业教育、法律法规、"走出去"风险防范等研究，为高职院校输出标准提供指导和保障。建立由省市级教育主管部门牵头，依据区域职教特色，由熟悉标准研究制定的专家、"走出去"行业企业的管理者、一线教师、外事人员等组成的标准建设和输出工作实施小组，明确对内对外工作机制，统筹标准的制订、输出和质量监管工作。做好标准的多语种文本翻译工作，扩大受众市场。

建立职业教育标准"走出去"的评价体系，聚焦标准的质量建设评价和标准输出后的认可度评价。可参照高校中合作办学质量保障实施意见，研究制订教育标准的质量认证和评价方案，院校自主申请，认证结果由教育主管部门采信。高职院校还要做好"三对接"：对接目的国政府部门，开展劳动力资源调研，了解劳动力需求状况，掌握办学政策法规；对接目的国高职院校，了解当地职教发展水平，对比研究两国职业标准等；对接目的国的中资企业，结合目的国劳动力市场和企业对人才的需求，共同开发专业教学、实习实训等高等职业教育标准。教育主管部门要积极构建全方位、多维度的宣传格局，对外展示中国高等职业教育标准及发展成果。高职院校要参与高等职业教育领域国际标准研讨活动，发挥院校，尤其是交通、农业类特色院校担任国际教育联盟中方负责人或协调员的作用，对外大力推介我国高铁、农林农牧类等职教标准，助力标准真正"走出去"。在境外建立基于中国职业教育标准打造的人才培养基地，中国标准贯穿于援外职业培训的始终，筑牢标准"走进、走深、走实"的根基，增进与其他国家间的文化互信，促进民心相通，顺利推动高等职业教育成果"走出去"。

（二）对接企业、行业需求，开发新标准

企业和学校是高等职业教育"走出去"的两驾马车，应做到"企业走到哪里，职业教育就办到哪里"。"一带一路"建设一线的企业，对沿线国家的经济需求以及与之相匹配的人才需求有清楚的了解。因此，企业要对职业院校人才和技能的培养制订明确方向，指导其开展课程教学改革，重构课程体系，共同建立与之相适应的专业结构，共建专业教学标准，为企业解决难题提供支撑。因此，应与"走出去"企业深度合作，共建专业标准、教学标准，协同育人。结合"一带一路"沿线国家和"走出去"企业的发展需求，扩大国际化专业开发，将国际上先进的技术标准、服务标准和工艺流程等与职业教育专业标准相结合，建设国际化专业教学标准；与企业深度合作，共同开展技术研发，为企业技术的更迭提供动力，为企业培养具有国际视野、较高素质的技术技能人才，使国际合作项目成为中国企业在海外发展的可靠智库资源。

第二节 中文+职业技能走出去

中共中央办公厅、国务院办公厅印发的《关于推动现代职业教育高质量发展的意见》指出，要加强与国际高水平职业教育机构和组织合作，开展学术研究、标准研制、人员交流。探索"中文＋职业技能"的

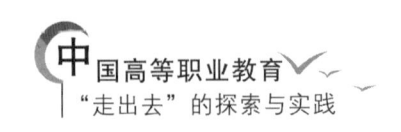

国际化发展模式。服务国际产能合作，推动职业学校跟随中国企业走出去。为中国高等职业教育推进"中文＋职业技能"走出去提供了依据和支撑。

一、中国文化"走出去"提升中国的软实力

（一）中国文化"走出去"面临的挑战

中国是世界文明的发源地之一，中华民族通过自身聪明才智和辛勤劳动形成了独具特色的文化传统和精神气质，但是，这些优秀的传统文化资源没有得到足够的重视，还停留在以片面化、零碎化方式向西方展示的阶段，中国文化"走出去"面临着传统文化资源开发不够的问题，不能系统体现中华文化的精神实质和文化价值。中国文化还面临着创新能力不足的问题。因为对传统文化的挖掘力度不够，导致中国文化在"走出去"的过程中缺乏创新和自身特色。在文化发展的过程中仍存在着短视行为，盲目追逐文化产业中的经济价值。中国文化还面临着缺乏文化自觉与文化自信的问题。改革开放以来，西方的生活方式和价值观念影响着我们的价值判断，特别是一些年轻人对中国传统文化缺乏了解，缺乏必要的文化自觉和文化自信，给中国文化"走出去"造成了不良影响。中国文化还面临着缺少国际视野与文化适应能力问题。近年来，虽然中国的一些高职院校利用自身的文化优势在海外教授汉语、宣传中国的传统文化，但是，由于缺乏必要的资金和政策扶持，中国文化在海外的影响力和适应能力尚未达到预期效果。因此，加强和发展具有中国特色的先进文化，加快中国文化"走出去"步伐，提升中国的文化软实力是时代之需，为增强综合国力和"一带一路"建设提供理论支持和智力保障。

(二）中国文化"走出去"有利于提升中国文化国际影响力

中国在"一带一路"建设过程中，仅仅靠经济合作是远远不够的，必须以经济合作为基础、以人文交流为支撑，大力弘扬中国传统文化中国的积极成分，发出"中国声音"、讲述"中国故事"，把"一带一路"建设成为安邻、睦邻、富邻的具有中华民族特色的经济纽带、文化纽带。关注高职院校学生的跨国文化交流能力和多元文化包容意识的培养，为学生创建参与国际项目的渠道和平台，搭建国际化应用实践场景，开拓国际视野，使中国高等职业教育技术技能人才能够适应职业教育对外开放新格局，促进文化自信，积极参与到国际人才市场的交流与竞争之中，从而不断增强文化软实力，推动社会主义核心价值体系深入人心，提升中国的综合国力和核心竞争力，促进中华文化走出去迈出更大步伐，社会主义文化强国建设基础更加坚实。在职业教育国际化进程中，要结合自身办学优势，加强对本国优秀文化的输出，打造民族文化传承与创新的工艺人才。注意结合异地办学优势，把"一带一路"合作发展国家的优秀文化引入中国，让国人更了解其文化。

（三）促进与"一带一路"沿线国家的科技文化和教育交流

全球化指的是在经济全球化的形势下，各个民族国家的文化通过信息交流和产品扩散等手段，在全球范围内传播、碰撞、吸收、交融的过程，文化全球化与经济、政治、社会的全球化一样，都是全球化历史进程的重要组成部分，是经济全球化发展的逻辑结果。中国要高度重视自身的文化建设，坚持"走出去"战略，加快国际化步伐，以适应文化全球化的要求。通过高等职业教育"走出去"的合作带动，不断加强国与国之间的学术交流和文化交流。充分了解当地的文化传统，加强双方文

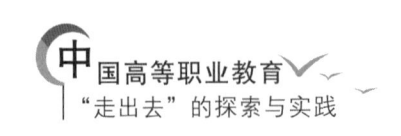

化理解，传播中华文化，打造友好互信的合作氛围与伙伴关系。

二、专业技术技能"走出去"提升中国的硬实力

（一）输出职业技能

高等职业教育的最终目的是培养技能人才，技能人才是推动产业变革的重要力量。当前，新能源、新材料、大数据的广泛运用对传统产业，特别是制造业的影响日益广泛。在工业技术领域，中国不但有世界一流的科学家，还有一大批高水平的专业技能人才，代表着中国高等职业技能的最高水平。在高等职业教育"走出去"的过程中，技能输出是核心。按照"一带一路"经济带产业结构和区域产业结构的调整变化需求，天津渤海职业技术学院调整学校原有专业结构，优化专业布局，以中外双方共同制定认可的国际化专业教学标准为依据，形成了与"一带一路"经济产业链无缝对接的国际化专业课程。通过此套专业课程可以培养与"一带一路"经济带上中国海外企业产业相配套的人力资源。目前天津渤海职业技术学院的课程设置主要集中在机械制造和电气控制等，都是泰国当地产业所迫切需要的技术。

（二）面向海外开展技术技能培训和交流

高等职业教育以产教融合为特征，注重立足岗位培养学生解决实际问题的能力。高等职业教育"走出去"借助高等职业教育的这一优势，与"一带一路"沿线国家开展广泛的技术培训合作，根据当地的产业发展现状和产业工人受教育现状，面向当地人才急需产业开展技术技能培训，解决当地经济社会发展所需的技术技能型人才短缺问题。注重培养职业技能技术人才的实践能力，鼓励高职院校设立国际合作专门机构，创新教学内容和教学方式，加大5G通信、电子科技、信息技术等前沿

产业的专业人才培养力度，以适应国际劳动力市场需求变化。以技术合作为核心，聚焦国内与"一带一路"沿线国家共同关注的具有战略意义的发展问题，助力沿线国家的科技创新，设计与"一带一路"发展密切相关的研究论坛，强化学术交流。

（三）开展援外培训

当前，以云计算、大数据、物联网、人工智能等为主要特征的新一轮科技革命和产业革命对传统产业影响日趋深入，在中国高等职业教育"走出去"的过程中，专业技能输出是核心。政府主导的援外培训是专业技能输出的重要途径。由于援外培训的对象大多数是"一带一路"沿线的发展中国家，越来越多的高职院校加入援外培训的承办单位行列，援外培训已成为中国高等职业教育服务"一带一路"建设和服务企业"走出去"的重要模式。把中国先进的技术技能输出到"一带一路"沿线国家，构建了"政校企科协同"的援外培训机制，满足"走出去"企业的人才需求。同时，高职院校以及企业在"走出去"的过程中，应深化与所在国家职业教育的国际合作，通过共建国际项目、实训基地、产业学院、人才培养中心等方式，培养了解中国文化、掌握先进职业技能的优秀人才，共享中国职业教育的发展红利。

第三节　鲁班工坊——高等职业教育体系走出去

中国高等职业教育"走出去"是自身发展的必然选择，是谋求共赢的探索。目前我国高等职业教育已形成了丰富的办学模式和方法体系，高等职业教育体系输出,为"一带一路"的战略发展提供人力资源支撑。天津市高职院校在亚非欧三大洲 16 个国家建成了 17 家"鲁班工坊",形成以鲁班文化、鲁班标准、鲁班制造为特色内涵的职业教育境外办学知名品牌。高职院校应以此为借鉴,树立品牌意识,丰富和发展"鲁班工坊""丝路学院"等中国职教品牌的内涵,注重境外办学人才培养的成效,全力实施品牌战略,发挥集群效应。

一、鲁班工坊:"走出去"办学的典范

(一)鲁班工坊的介绍

鲁班工坊是中国在海外设立的职业教育领域的首个"孔子学院",以鲁班的"大国工匠"形象为依托,旨在推动天津职业教育"走出去",服务企业"走出去"的创新型国际化职业教育服务项目。鲁班工坊是天津市教委依据教育部与天津市共建"国家现代职业教育创新改革示范区"的协议要求,充分考量输入国的经济社会发展需求,将天津作为国家现代职业教育改革创新示范区,采取学历教育与职业培训相结合的方式,将天津先进的职业技术教育输出给"一带一路"沿线国家,采取学历教育与职业培训的方式输出国门与世界分享,搭建起的天津职业教育与世界对话与交流的桥梁,培养国际化技术技能型人才,助推中资企业"走出去"。

(二)鲁班工坊的建设体系

鲁班工坊的建设体系包括建设标准体系、运营管理体系和机制保障体系三方面。建设标准体系明确了国际化专业的人才培养目标、师资、课程、环境条件、教学模式等要素,其中的教学模式以"EPIP(即 Engineering Practice Innovation Project)工程实践创新项目"为核心理

念和主线，获得了国家级教学成果特等奖。运营管理体系包括投资、招生、就业、国际竞赛、监控评价等过程要素。机制保障体系包含"四个发展定位""三种建设模式""五个基本原则"。"四个发展定位"指服务于输入国的社会经济发展，服务于中国企业的产能和服务输出，服务于中国高等职业教育国际合作发展，服务于高职院校师资和专业建设。"三种建设模式"则是依托校际间的国际合作、配合中国企业和产品"走出去"战略、依托政府间的战略合作。"五个基本原则"包括平等合作、因地制宜、优质优先、强能重技、产教融合。

二、鲁班工坊的职业教育体系内涵

（一）开展满足市场需求的职业教育

为了贯彻"校企合作、工学结合"的办学理念，鲁班工坊与承揽海外大型工程的企业和收购的企业合作，在国外合适的高职院校创建鲁班工坊，致力于培养本土化的技术技能人才，以满足国外企业发展的需要。如柬埔寨的通讯运营商东南亚电信集团有限公司（柬埔寨分公司），建设了覆盖柬埔寨全国的 4G 移动通信网络，但是柬埔寨的劳动力市场却缺乏熟练的通信技术工人，根据这一实际，澜湄职业培训中心开设了通信专业，立足于柬埔寨、面向澜湄五国、辐射东南亚 10 国。印度·鲁班工坊与 5 家中资企业签订了订单培养协议，聘请 2 名企业负责人作为客座教授。泰国·鲁班工坊开设了当地急需发展的自动化控制技术、新能源技术专业。巴基斯坦·鲁班工坊与 8 家中资企业和当地著名大型企业签订了产教协同育人合作协议。鲁班工坊通过开展当地市场需要的专业，让当地员工深入了解中资企业的用人标准，使学生毕业之后有更多的就业机会。

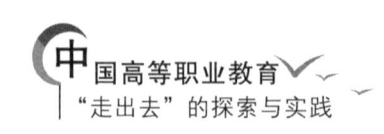

（二）助力企业深化合作层次

企业参与高等职业教育已经深入人心，在明确产业的需求导向、职业教育专业设置的完善、课程与职业标准的对接等方面，企业的作用不可或缺。企业参与教学能够缩小高职院校和社会对用人标准之间的差距，培养能够满足企业需求，又熟悉目标国市场的人才。企业参与高等职业教育是校企合作的关键，校企双方可以通过共建共管实训基地，实施订单培养、双向培养等培养模式，签订产学订单协议，为高职院校提供真实的操作平台、实践基地等，校企双方对学生的操作能力都能够进行全面的观察。建立企业参与高等职业教育的激励机制，实现高职职业教育伴随中国企业"走出去"。加大企业参与高等职业教育激励机制的政策支持力度，安排学生到相应的企业岗位实习、工作，实现专业学习和实习、工作交替进行。

（三）推动国际学历学位标准的互认

当前高等职业教育"走出去"不断深入，人才的跨国流动已成为趋势。学历学位认可对于促进各国职业教育的交流与发展至关重要。目前，教育部已与46个国家和地区签订了学历学位互认协议，涵盖了24个"一带一路"国家，通过建立国家资格框架（National Qualifications Framework），保障高等职业教育的国际化水平。国家资格框架对于融通各类教育，构建彼此衔接、整体统一的育人标准和质量保障体系具有重要作用。对接行业用人标准，为学生就业成才搭建绿色通道，以特色专业为突破口，建设品牌特色，接轨国际化教学标准。鲁班工坊已经成功实现了中国高等职业教育标准的境外输出与国际认证。目前，天津渤海职业技术学院的机电一体化、环境监测与治理技术、化工设备维修技术、化学制药技术等专业已经通过了泰国教育行政主管部门的学历互认评估，被泰国职业教育委员会和泰国·鲁班工坊认可。天津轻工职业技术学院的数控设备应用与维护专业教学标准、光伏发电技术与应用教学标准等通过了印度教育部评估认证，被印度金奈理工学院认可。

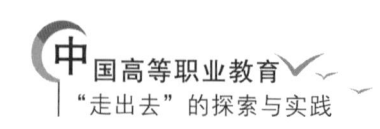

第五章 发展与超越：
高等职业教育"走出去"的策略路径

中国产能、中国制造始终是"一带一路"发展战略上的先锋队、主力军，通过中国企业、中国制造的"走出去"，中国高等职业教育"走出去"势在必行。中国高等职业教育要发挥主观能动性，主动"走出去"，创造具有中国特色的"走出去"的道路。基于当前高等职业教育"走出去"面临的形势和存在的问题，高职院校可从职业标准"走出去"、中文＋职业技能"走出去"、高等职业教育体系"走出去"三方面着手，坚定社会主义办学方向、提升国际化战略意识、避免"走出去"办学认识和实践中的误区。加强国际化与本土化融合，消解"走出去"的隔阂；明确海外办学定位，把握"走出去"的方向；健全协同发展机制，形成"走出去"的合力；构建职业教育共同体，彰显"走出去"的影响力；强化内涵建设，练好"走出去"的内功；开拓资金渠道，降低"走出去"的风险。

第五章
发展与超越：高等职业教育"走出去"的策略路径

第一节　加强国际化与本土化融合，消解"走出去"的隔阂

在本土化视域下，中国高等职业教育"走出去"是一个内涵不断发展的过程，离不开与国际教育界的互动，更离不开本土教育界的探索。中国企业作为"走出去"的主体，已成为助力中国高等职业教育"走出去"本土化的主要力量。然而，中国高等职业教育的国际适应性需要以双方教育文化的融合为前提，中国高等职业教育"走出去"本土化应该在"国际化"与"本土化"融合、协同企业"走出去"和文化融合的过程中实现。

一、国际化与本土化融合

高等职业教育"走出去"既是高等职业教育国际化的过程，也是高等职业教育经验"本土化"的过程。由于"一带一路"沿线国与国之间文化差异，高等职业教育"走出去"，如果不认真考虑输入国的现实，直接把经验简单地移植到他国，很有可能出现"水土不服"的现象，对高等职业教育"走出去"形成障碍，影响到高职院校"走出去"的可持续性。各国高等职业教育具有各自的实际需要，教育改革与发展所面临的问题各不相同，不能简单地照搬照抄他国的经验，必须扎根本国高等职业教育土壤，消化吸收各国先进的高等职业教育成果，构建本土化高等职业教育模式。因此，中国高等职业教育"走出去"不能仅仅依赖输

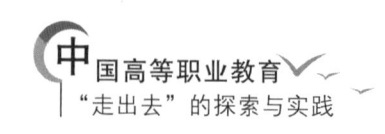

出，不问对象与效果。高等职业教育"走出去"是一种融合，既要扮演好输出国视角，也要转换成输入国的角色，关注他国高等职业教育的现实问题，以"本土化"为依托，使中国高等职业教育理论与实践扎根输入国高等职业教育土壤，实现中国高等职业教育"走出去"。高等职业教育"走出去"是在全球意识下的高等职业教育的合作与交流和高等职业教育经验的共享、融合，以及在此基础上的创新自身特色的高等职业教育模式。

二、国际化与本土化融合路径

（一）协同企业"走出去"

中国高等职业教育"走出去"本土化的实践包括：适应企业"走出去"倡议，积极与企业开展海外合作办学项目、服务企业海外经营。首先，面对跨国公司本土化技能型人才缺乏的问题，高职院校应主动尝试与"走出去"企业沟通建立联系，对接当地区域经济发展和企业发展人才需要，设立职业技能培训中心，开展跨国技能培训，培养企业经营急需的本土化人才。其次，高职院校应在政府的引导下，联合"走出去"的中国企业，配合高铁等基础设施行业、企业"走出去"，探索海外合作办学项目，联合建立高职院校。"走出去"的企业经过多年探索实践，与海外政府大多具有良好的互动，了解当地市场需求和教育模式，发挥企业在合作办学的基础建设中的主导作用，降低中国高等职业教育"走出去"本土化的风险。最后，伴随企业"走出去"过程中，高职院校应深化产教融合，深入企业调研，根据企业实情，制订教学目标和内容，实现高等职业教育"走出去"向"需求导向"型转变，以订单式人才培养作为校企海外合作的切入口，形成海外校企合作长效机制，服务企业的"本土化"经营。

（二）伴随文化"走出去"

中国高等职业教育"走出去"实现本土化，需要中国与高等职业教育输入国形成一种教育文化融合。双方通过文化认知、文化认同、文化自觉跨越文化藩篱，满足各自的高等职业教育发展需求和目标要求。中国高等职业教育"走出去"本土化，首先，需要对东道国高等职业教育文化形成全面的认知。在文化认知形成的基础上探寻两国高等职业教育交流的交叉地带作为融合的切入点，比如以"铁路建设""中医药文化"等为平台和联结纽带，为本土化的中国高等职业教育"走出去"项目奠定合作基础。其次，加强自身高等职业教育文化反思，形成高等职业教育文化自觉，摒弃当前不利于本土化"走出去"的高等职业教育文化因素，根据输入国高等职业教育发展要求调整自身文化，积极适应输入国本土高等职业教育发展新环境，吸收接纳不同高等职业教育文化，促进中国高等职业教育更好地服务输入国建设。最后，提高输入国的中国文化认同感。中国高等职业教育"走出去"，不仅仅只是技术的输出，还有文化的输出，在中国文化传播中实现高等职业教育"走出去"。通过开设汉语学习、剪纸、茶艺等课程，帮助他国学生体验中国特色的文化魅力，依托更多输入国本土认同的文化实践活动，更好地宣传中国文化，弥合中国高等职业教育"走出去"国际化发展过程中的文化裂缝，推动高等职业教育的深入合作。

三、国际化与本土化融合策略

（一）提高中国高等职业教育模式的国际适应性

中国高等职业教育"走出去"的主要对象是"一带一路"沿线国家

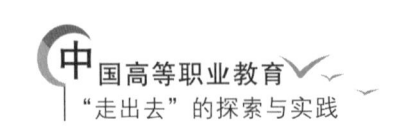

和地区。输入国不同的社会文化、经济发展以及复杂多变的政治体制，使中国高等职业教育"走出去"面临着关注度、文化制度、理念政策等多方面挑战，迫切需要提高高等职业教育模式的国际适应性。高等职业教育模式的国际适应性是指教育模式从输出国传播到输入国之后，对输入国的政治、经济和社会文化制度环境的适应。一方面，中国高等职业教育在改革发展中积累了丰富的解决高等职业教育问题的经验，经过归纳总结和实践的反复检验后形成了特定的高等职业教育模式。但长期以来，发达国家在高等职业教育欠发达地区教育输出中一直居于优势地位。另一方面，任何教育理论都有自身形成的文化背景和民族特色，各个国家对高等职业教育基本问题的观点也截然不同。中国高等职业教育"走出去"，应深入研究他国政治制度环境，了解输入国文化观念，积极改变中国高等职业教育模式，适时进行灵活调适，不断提高中国高等职业教育模式的国际适应性，促进中国高等职业教育模式在国际适应过程中传播。

（二）创新"政校行企"合作模式

服务"一带一路"建设，高职院校需要创新政校行企合作模式，为"一带一路"沿线国家实现政策沟通、设施联通、贸易畅通和资金融通提供人才支撑，以教育交流为沿线各国铺设民心相通的桥梁。高职院校重点面向"一带一路"建设和国际产能合作的基础设施、工程建设、人文交流等领域，与"走出去"企业深度合作，依托优势专业，探索构建政府引导下的高校—企业—高校的合作办学新模式，共同制定人才培养方案、课程体系和教育教学规范，通过订单式、联合培养等多种模式，输送既能开展跨文化沟通，熟悉当地文化、法律，又具备专业技术技能的复合型国际化技术技能人才。深度服务"一带一路"建设，通过建设

"鲁班工坊""丝路学院"海外职业培训中心等机构,探索援助发展中国家高等职业教育的新模式,与"走出去"企业合作开展面向当地员工的语言、文化、技术等综合职业培训,推动技术技能人才的本土化。同时,还应加强与"一带一路"沿线国家高校、科研机构、智库院校发展的对话与交流,创新合作项目,开展长短期相结合的文化体验、实习实践、国际赛事、学术会议等师生互访和文化交流项目,促进民心相通。

第二节 明确国外办学定位,把握"走出去"的方向

中国高等职业教育"走出去"要想取得成效,在国家层面,对于高等职业教育"走出去"要进行系统规划,需要具体的路线图、时间表和任务清单,出台"走出去"办学的指导性政策,特别要明确高等职业教育"走出去"的战略定位,为高等职业教育国际化发展指明方向。国家层面出台一系列"走出去"办学的指导政策和专门的规划,明确高职院校"走出去"的战略定位和作用。加强各相关部门协同工作机制建设,通过国家"一带一路"办公室协调将各相关部门联动起来,形成高职院校"走出去"的工作合力。

一、加强顶层设计,完善体制机制

(一)加强高等职业教育市场的调研,制定国际化发展规划

明确高等职业教育"走出去"的目标、工作方案、配套政策,进一

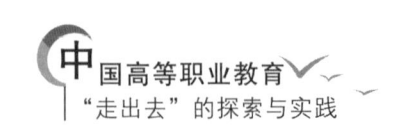

步探索构建"走出去"的工作推进机制是高等职业教育"走出去"的前提。为了规避市场的盲目性,在高职院校"走出去"之前,国家应建立相应的审查制度,对高等职业教育"走出去"的方式、模式进行前置性审查,将高职院校特点与沿线国家的特点相结合,确定各高职院校应该去哪个国家,才能使高等职业教育"走出去"效益最大化,以防止由于采用不正当竞争手段而发生不良后果。应建立多部门参与的联动机制,对"走出去"的高职院校合力解决"走出去"的布局设点、设备购置、师资派遣等问题。盘活中央和地方的职教经费、资金渠道,设置专项资金,向"走出去"的高职院校倾斜。高职院校领导应树立国际化意识,认清国际化对高职院校发展的重要意义,找准实施国际化的落脚点,营造国际化的办学氛围。高职院校要制定"走出去"发展规划,明确目标、具体框架和实施策略。高职院校应将服务国家战略、促进区域发展、提供人力资源支撑作为"走出去"的出发点,对接产业发展,形成以策略为驱动、以项目为载体、以活动为表现形式的"走出去"布局。积极推进高等职业教育融入"一带一路"行动,搭建全方位、宽领域、多层次的高等职业教育合作机制。在抓紧建立国家职业资格框架的同时,推动共商、共建区域性高等职业教育资历框架,实现就业市场的从业标准一体化。

(二)加强宏观设计和微观细化,制定完备的"走出去"的政策

从宏观层面,政府部门应制定高等职业教育"走出去"的战略规划,确定高等职业教育"走出去"的发展目标和任务。"走出去"战略规划的制定要把握好教育对外开放的原则:一是"加快"和"扩大"原则;二是"提质"和"增效"原则;三是"稳步"和"有序"原则。逐步完善高等职业教育"走出去"相关的政策法规,规范和保障"走出去"的相关工作，如规范国际化合作办学，防范风险，保障国际化发展的经费投入，并落实到位。从微观层面，高职院校制订适合自己学校特色的"走出去"行动实施方案和细化的规章制度，如教师外派管理制度等，确保各项工作的落实。另外，建立高职院校国际化发展的评价体系和质量评价指标，对"走出去"全过程进行监测预警，开展诊断性考核，保障"走出去"办学的质量。[1]

（三）建立多部门协调机制，加强布局规划

中国高等职业教育"走出去"在性质上属于境外办学，从教育领域来看，相关政策已经比较健全，但"走出去"办学不只是教育问题，还与外交、商贸、文化等领域存在融合交叉，缺乏明确的全国性和跨部门协调、监管和推进机制。因此，应当建立多部门的协调机制，加强顶层设计和布局规划。

从政府层面来讲，应建立支持高等职业教育"走出去"的统一协调机制。加强高等职业教育"走出去"的顶层设计，梳理相应的负面清单，为政府制定支持政策提供指导意见；建立支持高等职业教育"走出去"，引导高等职业教育服务"一带一路"的协调机构，统筹相关政策的研究，加强"一带一路"沿线国家对高等职业教育相关的人才需求、资源需求等方面的信息整合，增强高等职业教育"走出去"，助推"一带一路"国家，提供具有针对性和有效性的服务。从学校层面来讲，对内需明确国际化工作不仅仅是国际合作部门的工作，而且是全校一盘棋，涉及多领域、多部门的工作。建立由国际合作部门主导，相关职能部门和教学单位密切配合的国际化协调运行机制。强化宣传教育，使师

---

[1] 宿莉，吕红. 高职院校国际影响力：特征与对策——基于近三年"国际影响力50强"高职院校的质量年报数据可视化分析[J]. 中国职业技术教育，2020（30）：48-54.

生充分认识国际化对高职院校发展的重要意义，充分调动其参与国际化工作的积极性，积极谋划国际化发展新思路。实行信息共享机制，定期召开国际化工作会议，有序推进国际化发展，避免因信息沟通不畅引起的贻误发展时机，推诿扯皮等现象。[①] 对外则通过建立办学合作机制、资源共享机制、利益分配机制等规范各教育主体的行为，激发各方的国际化办学热情，保障各方的办学利益和成果。同时，还要协调政府、院校、行业企业、社会组织寻找共同发力点，合理调配资源，形成良性发展的局面。加大统筹力度，完善政策和法律支持。借鉴美、英、法等国经验，国家出台相关政策法规和制定专项计划支持高等职业教育"走出去"发展。组建国际高等职业教育发展智库。政府与高职院校深入研究合作国的经济、法律、宗教、历史等，促进政府制定针对性强的服务高职院校"走出去"的政策，引导高职院校根据国别国情研究办学对策，调整办学模式。[②]

（四）强化国际化办学理念，完善体制机制建设

国际化办学是办学理念、办学思路、规章制度等各个环节的树立和调整，需要内化为高职院校共同的价值追求。高职院校必须将教育国际化作为提升学校综合办学水平的重要任务，树立国际化办学理念，制定学校国际化发展的长短期规划和具体实施路径，营造国际化发展共识。建立、健全、创新学校国际化办学全链条的管理制度，为顺利"走出去"保驾护航。建立和完善高职院校"走出去"的相关法律、法规、政

---

①张慧波．"双高"建设背景下高职学校国际化发展策略［J］．教育与职业，2019(21)：47-51．

②唐现文，吉文林．新时期高职教育国际化：形势、对策与评价［J］．教育与职业，2019(7)：44-51．

策、条例。同时，政策制度必须科学界定政府、企业、高职院校各主体在高职院校"走出去"中的权力和责任，消除高职院校境外办学中存在的政策性障碍。对《职业教育法》《职业教育校企合作促进法》进行补充和完善，颁布与高职院校"走出去"相契合的政策，如《高职院校境外办学条例》等。

高职院校应完善国际化体制机制建设，保障国际化工作的有序开展。建立组织健全、人员完备、权责明确的国际化职能部门，形成国际化的监督、评价与反馈机制，不断调整国际化发展的目标、内容与策略。将留学高职院校纳入"留学中国"的总体框架予以统筹规划，将涉及高职院校层次的专科奖学金纳入"中国政府奖学金"范畴，对于留学生的教学实习和社会实践管理除遵守有关涉外规定外，也应考虑职业教育教学的特殊性，放宽留学生顶岗实习限制。健全海外办学资产管理制度，减少高职院校海外办学资产管理顾虑。鉴于高职院校海外办学涉及资产输出这一敏感性问题，应对高职院校海外办学资产的管理出台相关细则予以规范。简化教师海外审批流程，放宽限制，对高职院校海外办学教学与管理人员的出国与其他性质的出国区别管理，针对高职院校海外办学项目可出台高职院校教师出国出境的相关政策，对派驻教师灵活施行审核，简化出国程序，使高职院校海外办学更便捷和高效。增加监管和考核政策，完善各类奖励机制，促使地方政府政策执行到位。

（五）健全监督与约束机制，防范办学风险

政府在鼓励高等职业教育"走出去"的同时，应严格高职院校境外办学资质的审批，联合企业及第三方机构评估高职院校境外办学的人才培养质量。简化教师"走出去"的各种手续审批流程和出国程序，使高职院校"走出去"更便捷、更高效。随着"一带一路"建设向纵深发

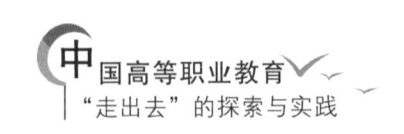

展，高职院校在认真研究"一带一路"沿线国家的高等职业教育需求的同时，结合自身的情况，应充分认识服务国家"走出去"战略的重要性，找准"走出去"的战略定位，不断提升中国高等职业教育的国际影响力。成立以政府统筹，评估小组和合作办学单位共同组成的质量评估和监管系统，科学有效地对"走出去"的高职院校进行质量评估，构建高标准的质量预警模式，保证"走出去"的高职院校境外运行的质量和效果。

高等职业教育"走出去"办学属于新兴自发教育服务行为，会遇到经费、设备、教师、课程无法顺利走出去的瓶颈问题。因此需要建设科学完备的风险防范和管理体系，提供有利的政策环境及创新性解决问题的路径和方法。建立健全高职院校内部"走出去"发展监控系统，对学校"走出去"的项目及活动进行全面监督，为当下及今后的走出去发展战略指引正确方向。切实加强"走出去"发展战略质量评估队伍建设，吸引国内外高等职业教育专家学者、国际和跨国企业中的专业技术人员以及高职院校一线教师和管理人员作为评估队伍的主要力量，确保高等职业教育"走出去"战略评估的针对性、客观性及全面性。实现全过程闭环质量监控，防范各类办学风险，确保项目建设的高质量与可持续发展。同时，应完善风险预警和救济机制，化解高职院校境外办学的风险。对参与高等职业教育的企业设置优惠措施，拟定高等职业教育"走出去"行动规划，推进"一带一路"沿线国家与高等职业教育政策分享，加强政策沟通。政府要引导企业、高职院校根据"一带一路"所处经济带以及区域发展优势设计人才需求计划，构造强有力的内外部监督体系，鼓励行业协会、社会公众、第三方机构等对高等职业教育重大项目决策及执行情况等进行监督，保证高职院校协同企业"走出去"有法可依。

二、构建国际化治理体系，提高治理能力

（一）高等职业教育国际化治理的内涵

"一带一路"倡议带来经济形态的多样化与利益主体的多元化。现代治理理论强调公共治理权力源于利益比例的多少，利益多元化会导致社会治理的多中心化，而多中心共治要求各主体之间加强合作。因此，政府、行业、企业等社会力量须纳入高等职业教育治理体系，共同促进职业教育与劳动市场和培训机构在各层面的融合。高等职业教育国际化治理主要包括办学定位的确定、工作流程的明晰、教学任务的实施、各类资源的整合、多元主体利益的协调、人员的分工与合作、资料的整理与归档、教学效果评价、政府与企业评价等。创新高等职业教育国际化治理机制，构建完善的治理体系，尤其是借助于网络信息平台建设，构建高等职业教育国际合作项目线上管理服务中心，构建教师用户、院校用户、企业用户的入口，为不同的用户提供不同的服务项目，能极大地提升其治理水平和成效。因此，高等职业教育只有不断加强国际化建设，提高服务"一带一路"建设的质量和水平，产生良好的社会效益，才能获得更多的支持和认可，彰显价值，才能在走向世界的过程中，促进自身的国际化发展。

（二）高等职业教育"走出去"治理体系的构建

上下联动，提升高等职业教育"走出去"的政策保障水平。高等职业教育"走出去"是高等职业教育发展的关键内容和重要举措。国家层面应尽快出台鼓励支持高等职业教育积极参与"一带一路"建设的指导意见。地方要加大与国家政策的衔接、配套和执行力。将目标任务转化

为工作项目和可操作的工作措施。根据《愿景与行动》中明确的西北、东北、西南、沿海和内陆地区的功能定位和主要任务，发挥比较优势，形成地方、行业、企业和学校共同参与的工作机制。各省基础、条件、优势、诉求各异，要面向地方重要产业、重点工程和关键节点的迫切需求，确定教育合作的重点国别和关键项目。要提出看得见、摸得着的实际举措，鼓励高职院校参与对接"走出去"企业开展高等职业教育培训，通过精简外派审批流程，给予外派教师在职称评定、薪酬待遇等方面的支持。通过"资源＋项目"的组合式政策支持，鼓励有条件的高职院校参与"一带一路"建设。

强化研究，增强高等职业教育"走出去"的科学性。"一带一路"实践的深入需要新的理论体系与理论储备。通过项目规划审批与管理、倾斜性政策等引导高职院校根据自身发展目标和办学能力，制定"走出去"发展战略，明确境外办学的中长期发展目标与行动计划，避免盲目。积极发挥官方智库、民间智囊的作用，对沿线国家的基本情况、师资队伍、教育政策等方面进行深入研究，与沿线国家智库共同谋划推进的方案，做实、做细政府之间的合作，为高职院校与沿线国家开展多形式、多层次的高等职业教育合作提供参考。目前，中国已经建立了一批致力于"一带一路"高等职业教育研究的智库，如中泰两国依托"鲁班工坊"成立的中泰职业教育研究中心等，这些智库发挥着"国家队"的引领作用。编制《中国高等职业教育共建"一带一路"发展报告》，使高职院校了解对方需要什么、我们能做什么，根据各自学校的实际情况，制定出科学、可行的"走出去"路线图。

特色发展，树立"走出去"的中国高等职业教育品牌。提升高等职业教育"走出去"的水平关键在于提升办学质量，完善的保障机制是提高办学质量的重要条件，走特色发展之路，树立中国高等职业教育品牌。坚持"人无我有，人有我优，人优我特"的办学发展之路，创新"工学结合"的人才培养模式。在基础设施建设快速发展的国家，优先推进工程机械类的操作技术人才的培养，鼓励参与工程建设的中资企业提供培训后的实习与就业机会，实现网上理论学习与模拟、线下真机操控与实训、课后实习与就业一体化，培育出榜样性、示范性项目，打造高等职业教育的中国品牌。要树立独特的办学和育人理念。高职院校国际化发展既有共性规律，也要凸显个性，高职院校国际化切忌盲目跟风、照搬照抄，要按照实事求是的原则，根据学校实际制定国际化发展的目标、方向和指导思想，审慎选择适合自身的合作伙伴。要着力打造特色专业并形成专业特色。专业是高等职业教育人才培养的载体，高职院校要凸显国际化办学特色，关键在于打造特色专业并形成专业特色，打造既能体现中国职业教育特点又能满足国际劳动力市场需求的专业，彰显中国高等职业教育的独特优势。

多方融合，提升"走出去"国际化人才培养质量。围绕"一带一路"重大项目建设，与合作国家的教育机构合作，加强"政、校、企、研"的多方融合，设置适合合作国家经济发展需求的专业，通过多渠道融资，共同制定专业技能标准和专业教学标准，提升教师的专业素养，提升学生的就业创业能力，促进当地经济包容性发展，提高中国高等职业教育在国际职业教育领域的占有率，实现中国高等职业教育服务"一带一路"建设的价值承诺。积极开展校企合作，为国际化人才培养搭建平台，通过订单班、现代学徒制等人才培养模式，将国际先进的技术技能、行业标准融入人才培养过程，促进高职院校整体办学质量和水平的提升。

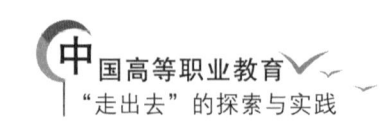

统筹推进，遵循高等职业教育"走出去"的三结合。高等职业教育国际化是指跨国界、跨民族、跨文化的高等职业教育交流与合作，即一国的高等职业教育面向世界，博采各国职业教育之长，并将本国的高等职业教育理念以及与他国开展的交流合作融入高职院校的教学、科研和服务等功能中的过程。在高等职业教育国际化进程中，应该遵循以下三点基本规律：一是坚持"走出去"和"引进来"相结合。改革开放以来，中国高等职业教育获得快速发展，在高职院校办学理念、模式、方法、质量等方面取得较大成绩，相比于"一带一路"沿线国家具有比较优势，这为高职院校伴随企业"走出去"提供了理论自信和实践经验。二是坚持培养和培训相结合。高职院校在伴随企业"走出去"的过程中，不仅需要为企业培养能够胜任工作岗位的国际通用型人才，同时也承担着为企业培训现有管理员工、技术员工、普通员工等任务，使他们具备国际视野，掌握国际规则等，以胜任企业"走出去"的实际需求。三是坚持质量和数量相结合。高职院校伴随企业"走出去"要量力而行，根据自身的办学条件、办学资源，有针对性地制定伴随企业"走出去"的计划和方案，合理控制伴随企业"走出去"的规模。

第三节 健全校企协同发展机制，形成"走出去"的合力

实施企业"走出去"战略是国家对外开放的重大举措，对于推动企业开拓国际市场具有十分重要的意义。企业和学校是中国高等职业教育

"走出去"的"两驾马车"。指导和推动高职院校伴随企业"走出去"，形成"企业走到哪里，职业教育就办到哪里"的模式。中国企业在"走出去"的过程中，由于校企双方信息不对称等原因制约了高职院校伴随企业"走出去"的步伐。因此，中国高等职业教育要实现"走出去"，应当健全校企协同"走出去"的机制，构建"走出去"职业教育共同体，形成"走出去"的合力，为中国高等职业教育"走出去"奠定基础。

一、健全校企协同"走出去"的机制

（一）实现校企"携手同行""走出去"

高等职业教育协同企业"走出去"的发展路径是合作共生行为，推动了中国与"一带一路"沿线国家构建良好的合作关系，培养了"一带一路"沿线国家所需要的各类职业人才，促进了"一带一路"沿线国家的经济与社会发展。高职院校和企业作为执行国家"一带一路"政策的两个主体，两者之间是一种协同关系。一方面，高职院校和企业作为两个不同主体承担着不同的目标，两者之间尽管也存在着联系，但是在没有政策引导的情况下，这种联系是松散的。"一带一路"倡议促使这种松散的、不成系统的无序状态转变为具有一定结构的有序状态，从而使两者有了共同的目标取向，高职院校为企业"走出去"提供技术和人才支持，而这也正是企业所需求的。另一方面，高职院校存在的一个重要价值就是为社会发展提供技术技能人才，企业是技术技能人才需求的主力军，两者之间协同有序。然而，事物的发展由内因和外因共同推动，高职院校和企业根据各自的属性，为了实现技术技能人才培养这一需求，建立有序的协同关系。

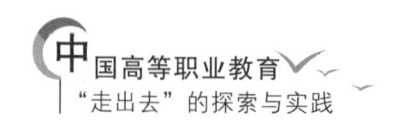

（二）打造校企"走出去"职业教育共同体

要想实现校企协同"走出去"，高职院校应积极寻求与"走出去"企业的深度融合，探索产教融合的新模式，实现校企携手一起"走出去"，共同培养国际化技术技能人才，让"一带一路"沿线国家真正能够从中国高等职业教育中受益，体验到中国高等职业教育的价值。一要创新国际化产教融合模式。拓宽国际化产教融合途径，创建多种产教融合发展联盟。积极寻求与中国"走出去"企业、国内企业以及国外企业开展深度合作，构建产教融合发展联盟，服务企业海外拓展，开辟校企合作新途径和新空间。校企协同要在更高层面上统筹校企协同的各项工作，实现高等职业教育跨越式发展。目前，宁波职业技术学院牵头成立了全国首个"一带一路"产教协同联盟，帮助校企双方协同"走出去"，搭建信息交互平台，寻求利益平衡点，满足企业"走出去"过程中的多元诉求。温州职业技术学院与亚龙科技集团有限公司共建"温州职业技术学院亚龙国际智能技术学院"，在师资培训、实训基地建设、教育技术创新等方面开展深度合作，为校企共同"走出去"奠定基础。因此，为了进一步健全校企协同"走出去"机制，"走出去"企业应明确高职院校如何制定匹配的人才培养方案，指导高职院校开展课程教学改革，共建匹配的专业教学标准和培养模式，高职院校要厘清自身"走出去"的发展思路和发展路径，避免"走出去"出现的各种风险，不应盲目跟风，而应精准施策，审慎选择适合自身的合作项目。

（三）校企良性互动，深度产教融合

采用校企双主体共同育人模式，提升人才培养精准度。企业要对高职院校人才培养制定明确方向，指导其深化开展课程教学改革，重构课程体系。高职院校需要根据发展需求适时调整专业设置，优化人才培养方案，主动与企业协调制定人才培养标准，共建专业教学标准，确保能够服务产业和社会发展需要。同时，依靠企业力量解决职业院校"走出去"办学中遇到的经费、设备等部分瓶颈问题，以深度产教融合推动"走出去"办学形成良性循环。高等职业教育人才培养的质量最终要通过企业的检验，企业作为"一带一路"建设的前沿，熟知行业发展的期待和与之相应的人才需求，高职院校与企业的合作主要在于信息互通与资源共享。一方面，企业应重视与高职院校间的信息互通，及时通过企业向高职院校提供人才需求信息；另一方面，高职院校应加强与企业的资源共享，通过专家培训活动、技术研讨会，将高职院校的最优师资与专业优势引入企业，开展校企联合培养项目，培养技术型、实践型精英人才。因此，高等职业教育"走出去"应着眼于人才培养的主要任务，在政府政策与机制逐步完善的基础上，与企业加深合作，提高人才培养质量，以政策支持为基础，经济贸易为推动力，文化外交为辅助，通过校企之间的交流协作与资源共享实现融合发展，服务"一带一路"建设，增强校企"走出去"的合力。

二、健全校企协同"走出去"的模式

（一）创新国际化校企融合方式，建立产业学院

通过独资、合资、合作等方式使企业参与高等职业教育国际化项目的建设，共建国际化产教融合共同体。将企业需求、文化、技术、标准等融入高等职业教育国际化项目建设的各个环节，校企协同，共同制定国际化人才培养方案，设置国际化专业课程，建设国际化立体教学资源，推动"1+X"证书的国际化，拓宽国际化教学模式，建构完善的

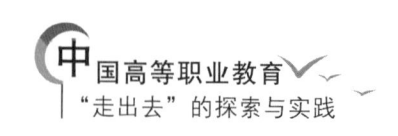

评价体系，建立完善的国际化治理体系，提高"鲁班工坊"运营和维护的实效；共建共享校内外实习实训基地，充分发挥企业资金、技术、信息等方面的资源优势，推动以企业为主体的创新科技成果转化。高职院校、企业和有海外业务的企业可共建互联网＋高等职业教育培训一体化平台，网上理论教学与线下属地化实训同步推进，为"一带一路"沿线国家或地区的人力资源建设贡献中国方案。另外，因境外办学涉及因素多，可采取合作国提供办学场地、教学设施等硬条件，国内高职院校提供教师和课程等软条件的轻资产办学模式，不但可以降低办学风险，而且能降低办学成本，推动高等职业教育"走出去"可持续发展。例如，2020年，广东农工商职业技术学院与马来西亚泗里奎民立中学、广东农垦橡胶集团有限公司共建"热带农业现代产业学院"，开展订单培养项目，设置了作物生产技术等8个符合热带农业需求的专业，为广东农垦和周边东南亚各国培养各类农业技术人才。产业学院的建立，扩大了学国际教育合作渠道，创新了"产教融合、协同育人"的海外人才培养模式。

（二）与"走出去"企业实施境外办学，共建援外教育平台

高职境外办学是在国家构建"人类命运共同体"的倡议下应运而生的，与国家层面的对外援助战略密不可分。教育主管部门可统筹部署高职境外办学，协调教育、外交、商务、文化等部门资源，形成职业教育援外合力。同时，引导高职院校在中资企业海外业务量大，或者企业急需开拓业务并具备良好市场潜力的国家和地区办学，取得良好的办学效益和示范效应，带动相关高职院校共同"走出去"。鼓励高职院校搭建高等职业教育输出的协作与交流平台。建立中国高等职业教育援外基地。"一带一路"沿线的中国企业与高职院校合作办学的成功案例不多，需要为愿意"走出去"的企业提供交流学习案例，同国外高职院校共同研发课程和优秀教材，确保高等职业教育资格证书与"一带一路"国家或地区对应的企业技术标准一致。还需通过慕课、网络培训等搭建线上沟通窗口，为中外相关政府官员、师生及企业人士间的交流创造条件。组建高职院校参与"一带一路"协作组织，设置高等职业教育领域中外合作项目，推动高职院校抱团合作，形成合力；支持"走出去"企业与高职院校联合组建职教集团，开发跨境产学合作项目，鼓励高职院校参与企业海外业务拓展项目；引导高职院校国际交流活动向"一带一路"沿线国家聚焦，引导不同高职院校根据自身特点，重点选择"一带一路"沿线相对固定的区域开展稳定合作，推广较为成熟的做法和经验。例如，浙江省宁波市建立"一带一路"产教联盟，直接服务于"一带一路"沿线国家的技术培训需要，以金华职业技术学院为代表的一批浙江高职院校参与其中。作为境外办学的主体，高职院校首先应将自身"走出去"的需要和职业教育援外服务结合起来，服务国家开放发展大局，如无锡商业职业技术学院与红豆集团联合申办柬埔寨西哈努克港工商学院，助力中柬国际产能合作园区建设。在目的国摸爬滚打多年的"走出去"企业，熟悉目的国家的整体社会情况，高职院校与其合作，能有效避免教育跨国流动的壁垒，降低潜在的合作风险。对于新拓展海外业务的企业，高职院校应利用学校技术、语言、管理方面的优势，与企业共拓境外教育市场。企业为高等职业教育国际化办学活动提供平台，尤其是给予学生实习和实践的机会，使学生了解中国企业的技术工艺、生产管理和企业文化，为今后学生高匹配就业、高质量服务该行业发展打下基础。同时，开展高等职业教育、文化交流等项目，实施"中文＋职业技术"培训项目，探索专业标准、教学资源际化师资、国际化"1＋X"

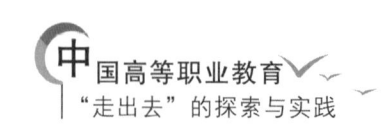

证书等发展，实现海外本土化人才培养和企业需求的精准对接。截至2020年12月，中国高职院校已与70多个国家和国际组织建立合作，直接在海外建立职业教育培训机构，扩大高等职业教育培训的成果。

（三）探索立足综合发展的校企协同新方式

校企协同本质是校企协同方式的创新，目的是提高职业院校的办学质量和水平，包括校内、校际、校企及跨境合作等多元主体的协同体系。高职院校伴随企业"走出去"的过程就是校企协同的方式、方法变革的过程，校企协同的最终目标是促进双方都能够得到综合发展。校企机制层面的协同，由校企双方根据各自需求，共同制定人才培养计划等，由学校编制课程计划并实施教学，完成校企双方合作约定；校企办学过程的协同，要求校企双方共同制定人才培养方案、共同开发课程和指导学生专业实践等；校企评价导向的协同，评价是对高职院校培养培训技术技能人才能力达标与否的主要方式，由校企双方共同参与对高职院校人才培养质量和水平的评价。高等职业教育在伴随产业"走出去"的过程中，通过产教融合、校企合作，可以得到企业的多种支持，企业也可以得到人才支持，既有利于高等职业教育提升国际化办学水平和声誉，又有利于企业顺利实现区域合作的"双赢"。完善的参与平台是促进高职院校协同企业走出去办学的保障。通过举办国际职业教育发展论坛，分享各国发展经验，积极争取非营利组织支持国际技能大赛等。设立职业技能培训中心，组建人才订单班。校企双方引入国际化行业标准，对接"一带一路"沿线国家高等职业教育需求，制定培养目标，选派企业高管和技术人员到校授课，并组织高职院校教师、学生定期到企业学习，在学生掌握相关理论与技能后直接参与企业"一带一路"项目工作。

三、高等职业教育服务"走出去"企业的路径

（一）校企境内合作育人，培养国际化高技术技能人才

"一带一路"倡议实施以来，以制造类、建筑类企业为引领走出国门，对外输出技术和服务，加快布局未来产业，努力抢占未来竞争制高点。高职院校应主动联系"走出去"企业，了解其对于人才，尤其是中高级技术技能人才的需求，以产教融合理念为指导，调整专业结构、改革教学模式、共建教学标准等。在专业与课程建设上，建立与企业海外业务需求相契合的专业群，开展"订单班"等项目。校企共同开发国际化课程标准、教材和课程资源，构建线上线下相融合的教学体系。课程融入中国优秀文化元素，厚植爱国情怀，坚定学生文化自信。在机制建设上，校企设立产教融合工作协调组，实行育人"双导师"制，学校专任教师和企业工程师结对，联合指导学生。设立学生培养工作专项资金，分别用于校内理论课程授课、企业实习补贴、校企合作运行管理等方面。不定期召开学生培养工作例会及研讨会，及时反馈、汇总、沟通和协调解决学生培养过程中遇到的困难与问题。在实践教学上，"走出去"企业给学生提供实习机会，为今后高质量就业打下基础。《中国职业教育质量年度报告2020》显示，2018和2019年度，全国高职院校在校生服务"走出去"企业国（境）外实习工作量分别达到132万人次和165万人次。

（二）政校企境外合作办学或建立培训基地

政校企合作在境外设立办学机构或实习基地，是高职院校服务企业"走出去"的重要形式。当前，大部分"一带一路"沿线国家的高等职业教育发展滞后，技能型劳动力培养不足，技术研发相对落后，无法满

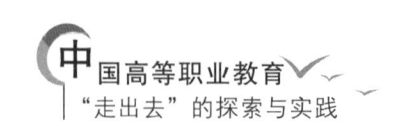

足"走出去"企业和当地经济发展的需要。因此，高职院校依托目的国政府部门的支持，校企共同建立境外办学机构或实习基地，可以有效培养目的国的技术技能人才，实现政校企三方共赢。例如，宁波职业技术学院承办商务部"发展中国家职业教育管理研修班"，建立了全国唯一"中国职业技术教育援外培训基地"，在开展援外培训和校企共建海外培训基地方面发挥了积极的示范引领作用。自2012年5月起，无锡商业职业技术学院与柬埔寨西哈努克港经济特区有限公司在西港特区成立了职业培训中心，为柬埔寨当地技术工人开展汉语培训和职业培训，切实提高了西港特区企业劳动力的职业技能和素质。2018年11月西哈努克港工商学院正式成立，这是我国首个校企合作股份制的应用型海外本科大学，集学历教育、技能培训、技术服务、人文交流"四位一体"，被纳入柬埔寨国民教育体系。西哈努克港工商学院面向柬埔寨开展高等学历教育和职业培训，为东南亚国家的中资企业培养高素质应用型技术人才，开发国际通用的专业标准和课程体系，得到了国内外广泛的赞誉。

（三）为"走出去"企业提供技术人才培训

通过与"走出去"企业联合开展人才培养培训项目，为其培养境外工作的专业技术人才也是中国高等职业教育校企协同"走出去"的重要形式。例如，南京科技职业学院与江苏德龙镍业有限公司在印度尼西亚合作成立南京科院印尼德龙分院，面向当地员工开展技术技能培训。南京信息职业技术学院与中邮建技术有限公司共建海外培训基地，面向埃塞俄比亚、柬埔寨、泰国等国家的中邮建员工开展通信原理、工程项目管理及4G移动通信等内容的技术培训。陕西国防工业职业技术学院与巴斯夫（中国）有限公司签订"巴斯夫汽车维修涂装职业教育项目合作协议校企合作项目协议"，为企业提供订单喷涂技师培训。天津铁道职业技术学院为吉布提铁路公司订单的培训涉及铁道机车车辆、铁道工程、铁道通信信号、铁道运输等 4 个专业的铁路知识，培训得到了吉布提铁路公司与培训学员的一致认可。《中国职业教育质量年度报告 2020》显示，2018 和 2019 年度高职院校专任教师赴国（境）外开展培训时长达 25.8 万人次和 36 万人次。其中，在外向型经济发达、"走出去"企业数量相对较大的江苏省高职院校，专任教师赴国（境）外开展培训时长达 67747 人/日，占全国的 18.8%，其中为"走出去"企业提供海外人员培训的时长占总辅导和培训时长的五成左右。

（四）为"走出去"企业提供境外技术指导

派遣专业教师赴境外为企业开展技术指导是高职院校服务企业"走出去"的另一种形式。据统计，2019 年，浙江省高职院校专任教师服务"走出去"企业国（境）外指导时长为 25000 人/日，比 2018 年增长 53.2%。中国的高职院校为"走出去"企业海外发展提供了一定的技术和管理支撑。顺德职业技术学院与德国亚琛工业大学合作共建 4.0 研究中心，引入德国工业 4.0 技术标准，开展技术研发。柳州职业技术学院为广西恒宝丰农业发展有限公司柬埔寨分公司选派实习生，从事设备维修工作，解决公司在海外设备维修及管理方面人才不足的问题。宁波职业技术学院选派教师为中国航空技术国际控股有限公司肯尼亚大中专升级改造项目提供技术指导服务，得到了企业和当地员工的高度认可，为中国高等职业教育服务企业"走出去"提供了典型示范。

（五）助力"走出去"企业开发国际标准和规范体系

高职院校与企业技术专家共同组建研发团队，开发相关的生产、技术标准，并向海外推广，提升了企业"走出去"的实践成效。如广东农工商职业技术学院与广东农垦橡胶集团海外公司合作开发《橡胶加工安全生产规范标准》，被泰国、柬埔寨、马来西亚、印度尼西亚等4个国家的20多家海外公司认定和使用，提高了广东农垦橡胶集团海外公司的安全生产水平，为世界橡胶行业安全生产提供了借鉴和参考。南京铁道职业技术学院与南京地铁集团有限公司合作开发的《电气自动化技术专业（订单）人才培养标准》《城市轨道交通通信信号技术专业（订单）人才培养标准》等7个专业教学标准、135节课被埃及隧道局、老挝交通部铁道司、塞俄比亚吉布提标准轨股份公司、俄罗斯圣彼得堡国立亚历山大一世皇帝交通大学等国（境）外合作学校和单位采用，助力中国轨道交通标准"走出去"。[①]

四、健全政校企协同"走出去"的机制

（一）责任分担的实施机制

秉持政府引导、企业主建、院校主教的实施路径，充分体现政府、企业和院校各自的责权利，建构政府引导、企业主建、院校主教的共同体。尽管政府在政校企共同治理机制中发挥引导作用，但其应该转变传统的管理者角色，树立权力下放的治理理念。借助政策、法律等治理工具，建立各级政府、行业、企业、院校和社会各界共同参与的多元治理机制，推动各个层面的产教融合，同时为高等职业教育提供相关人力、物力、财力方面的保障，为"走出去"的高职院校营造良好的发展环境；企业不能只顾眼前利益，应增强社会责任感，不但注重技术技能的培养，更要协助"走出去"的高职院校进行课程设计，帮助高职院校进

[①] 汤晓军. 中国高等职业教育国际化现状研究[M]. 苏州：苏州大学出版社，2021：160-162.

行基础设施建设或升级改造，为高职院校提供实验实训设备，帮助高职院校运营和管理，改变企业短视的经营发展理念，将创建与运行政校企共同体上升到战略高度；高职院校作为境外办学主体，应该提升教育输出能力，加强国际化师资队伍建设，有针对性地为沿线国家的学生设计培训课程。"走出去"的高职院校应做到因材施教、因企制宜，根据人才规格和企业发展修订人才培养方案，优化培训内容，增强与企业的磨合度和适应度。

（二）权利均衡的协调机制

多层次的机构共商、组织共建、平台共享政校企共同体不仅包括三大利益主体，还包括联结主体之间的机构和组织，因此，通过权利均衡的协调机制，能够有效促进各主体的交流和磋商，进一步消解高职院校"走出去"的体制机制障碍。政校企共同协作，构建课程开发委员会、职业培训资格委员会等机构，适应"一带一路"沿线国家高等职业教育理念和教学模式，并根据中方企业的用人需求，对员工进行有针对性的训练，为共同体实现人才培养、员工培训、技术服务等提供保障；政校企合作协商，建立与沿线国家的职业资格互通组织，加快与沿线国家的教育谈判，成立高等职业教育高层磋商组织等，推进优势产能聚集国家向中国开放高等职业教育市场。此外，通过构建区域性高等职业教育资历框架，参与高等职业教育国际标准的制订，建立沿线各国教师专业发展标准，实现高等职业教育市场的从业标准一体化；政校企合作开发双边或多边国际合作教育平台，如中国—东盟职业教育论坛等，使国际的高等职业教育主体的利益诉求得到充分表达和协调，为"走出去"的高职院校精准定位人才培养标准，提高培养效能。

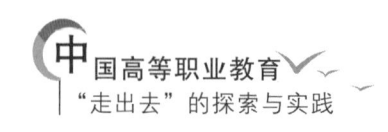

五、关注校企协同"走出去"的要求

(一)高职院校协同企业"走出去"的教育培养目标与社会需求相统一

高等职业教育的目标是造就服务于经济社会发展和生产服务一线的技术技能型人才,而要达成这一目标,高职院校则需加强内涵式建设,以培养既拥有先进技术、精湛工艺和创新能力,又掌握现代服务理念的高技能人才,可见其包括教育性与社会性。教育性是高等职业教育育人活动的过程,社会性参照社会发展需求确定教育目标。高等职业教育目标虽不具备强制性规定,但是一定时期社会发展对高等职业教育具有价值导向。受社会主义市场经济发展的影响,中国高等职业教育办学主要以国家统筹为主、社会参与为辅,因此,高等职业教育协同企业"走出去"应服务于社会发展的需要,服务于国家战略的选择。同时,平等合作是保障高等职业教育"走出去"的基础,沿线国家与地区都是"一带一路"的平等参与者,共谋合作的最大公约数。此外,要研究制定符合国际准则的高等职业教育专业标准,创设匹配的课程体系,使教学内容更贴切国际合作,以强化国际话语权,推动高职院校通过与企业"走出去"提升办学能力。

(二)高职院校协同企业"走出去"的教育功能内部性与外部性兼顾

在不同的历史阶段,高等职业教育的功能展示不同的社会形态。从内部逻辑看,培养德、智、体、美、劳全面发展的人,显现为高等职业教育本体功能的被动适应;从外部逻辑看,包括政治、经济、文化、技术传承等功能,显现为高等职业教育功能的主动适应。其中,高职院校协同企业"走出去"表明了高等职业教育贯彻"一带一路"倡议的对外方向,是高等职业教育外部职能之间的有机融合与输出。由此,国家相关政策的开放需对高职院校加以顶层设计,兼顾国内与国外、行业与企业、双边与多边,引导沿线国家的专家、学者走进来,鼓励中国高职院校教师、管理者"走出去",形成双向沟通机制。而培养国际型人才依托"双师型"教师队伍,需要高职院校和企业、境内和境外、线上和线下联合,人才评估体系也要呈现专业性、发展性等理念,从学生、企业、中外合作组织等角度考虑高等职业教育"走出去"。

(三)高职院校协同企业"走出去"的办学结构开放性和封闭性并行

高等职业教育开放性是高等职业教育通过产教融合、校企合作、顶岗实习等渠道与外界进行交流。高等职业教育封闭性是高等职业教育各系统在不被外界干扰情况下自行运转,维护办学发展的平稳性和独立性。"一带一路"倡议下高等职业教育要求实行开放的办学模式,面向市场办学。同时,该战略下体系式高等职业教育布局的构造应注意:一是高等职业教育办学要与区域产业的发展相匹配,根据市场需求进行课程设置、教学形式等方面的调整与更新;二是高等职业教育发展规模、专业设置等还需要符合高职院校的实际承受能力,不能脱离实际;三是高等职业教育的发展定位要符合国际化发展趋势,既要展现中国高等职业教育的办学特色,又要吸收接纳国际高等职业教育的特点,坚持"引进来"与"走出去"相结合。总之,在"一带一路"倡议建设过程中,高等职业教育协同企业"走出去"要以开放的胸怀与沿线国家合作,探索出顺应当地政治、经济、文化形态的发展模式。

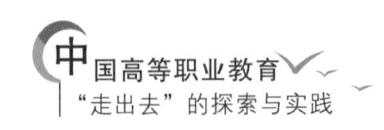

第四节　构建高等职业教育共同体，彰显"走出去"的影响力

中国高等职业教育"走出去"不是盲目自大，也不是空凭热情。中国高等职业教育要实现"走出去"，必须在高等职业教育的全过程渗透国际化理念，交流互鉴、合作共赢，构建"走出去"高等职业教育共同体，助力"一带一路"建设，为高等职业教育"走出去"奠定基础。

一、多校共建，实现高等职业教育"走出去"的整体突围

（一）发挥职教集团的合力优势

为适应"一带一路"倡议协同企业"走出去"，高等职业教育国际交流与合作创新合作模式，以联盟或教育集团的方式共享国际资源、共塑国际品牌。2012年，德国与西班牙、葡萄牙、意大利、希腊、斯洛伐克和拉脱维亚等6国成立了欧洲7国职业教育联盟。同时期，国内的职教集团也获得了很大发展。职教集团的大发展在推动高等职业教育管理体制创新、产教融合办学机制的构建、人才培养模式改革、高职院校办学实力提升以及城乡和区域协调发展等方面发挥了不可替代的作用。然而，在以往的高等职业教育国际交流与合作中，国内各个职业院校大都采取孤军作战的方式进行，人力、财力、物力以及信息等多方面资源难以共享，不容易形成合力，致使国际化交流与合作活动的影响力比较有限。因此，要以职教集团为载体，实现高等职业教育"走出去"发展

的"双赢"。一方面，可以把集团内部优质资源进行重组，形成专业技能人才培养的品牌，借助职教集团的影响力，吸引更多国外教育机构加盟；另一方面，可以使集团内部的各种国际教育教学资源，包括师资、设备等各项资源共享共通；职教集团内部的师生、员工、管理人员可以结对开展海外交流、学习、培训等项目，以实现集团内部利益最大化。职教集团实施国际化发展要求集团内部各个主体形成战略上的协同，而不是追求短期的、单个的利益，只有这样，才能真正彰显出职教集团的合力优势。利用职教集团的优势推动高等职业教育的国际化发展，可以有效减少各个学校间的过度竞争，做到资源、信息有效共享，提升中国高等职业教育整体的国际化发展水平。[1]

（二）中国高职院校应形成合力，"抱团"前行

为解决学科专业单一、办学资源紧张等问题，需要汇聚多所合作院校优质教育资源，形成强强联合、优势互补的合作共建机制，探索实践多所学校"抱团"共建的海外办学模式。携手构建理念共通、繁荣共享、责任共担的职业教育命运共同体。从独行到众行，多校共建是一次全新探索，突破单所院校自身办学能力、办学资源方面的限制，实现资源优化、能力提高、质量提升、模式创新和风险降低，创建共治型的高等职业教育命运共同体。为服务"一带一路"倡议，2016年天津市在"一带一路"沿线国家建设"鲁班工坊"，把高等职业教育的优秀成果与世界分享。2017年广东轻工职业技术学院发起成立了广东省"一带一路"职业教育联盟，助推广东率先在国际化进程中迈出更大步伐。中国高等职业教育"走出去"是中国所有高职院校的使命和责任，中国高职

---

[1] 彭薇.区域高等职业教育国际化理论与实践研究［M］.长春：吉林大学出版社，2020：209-210.

院校应形成合力"抱团"前行，共商互鉴，共同研究制定高等职业教育课程标准和行业企业技术标准，推进学分互认、课程互认、学历互认。高职院校整合各自优势学术资源，通过专家、教师、科研人员与在校学生的合作交流搭建沟通的桥梁，借助互联网通信技术，实现特色课程线上共享、远程教育合作共建，发挥不同高职院校间不同类型的智库在政策制定与科研工作等领域的指导作用，回应"一带一路"建设中各国产业的发展关切，构建高等职业教育"走出去"共同体。

（三）整合高职院校资源，以项目包式管理高等职业教育"走出去"

在国家政策及高职院校自身发展需求指引下，中国高职院校多年来也尝试"走出去"战略，个别高职院校对外交流与合作的规模、层次均比较高，但对绝大多数高职院校而言，"走出去"仅限于选派教师出国进修、参加学术会议、外方院校专家来我国讲座等形式，对外输出教学资源、开展合作办学比较少。这与高职院校对高等职业教育输出认识层次不够有关，更与大多数高职院校师资力量有限、投入经费受限等因素有关，单靠高职院校自身单打独斗难以形成合力及规模效应。因此，必须整合高职院校资源，实现互补。高等职业教育"走出去"可以项目包式开展，由教育主管部门统一对外开发高等职业教育"走出去"项目，通过调研外方和中国驻外企业的需求，开发"走出去"项目包，各高职院校可申请项目包任务，按照高等职业教育标准开展教育教学，项目完成后经过验收方可再次申请其他项目包，这样可以避免高职院校的无序竞争，降低内耗，使高职院校可依据自身优势集中力量做好一个项目，努力打造在国际上具有较高声誉且认可度高的中国高等职业教育品牌。

二、多措并举，构建高等职业教育共同体

（一）推进"一带一路"高职院校联盟建设，拓宽高职院校合作交流视野

协同人才培养与科技融合发展已经成为中国高等职业教育"走出去"的显著特征，而推进"一带一路"高职院校联盟建设是拓宽高职院校对外交流视野，促进中国与"一带一路"沿线国家在高职院校校际间展开文化交流、人才培养、科研协作及政策共商等全领域的深入合作的主要途径，从而最大限度地发挥高职院校联盟协作的作用。因此，需要各成员高职院校整合各自优势学术资源，通过专家、教师、科研人员与在校学生的合作交流搭建沟通的桥梁；完善高职院校联盟的合作机制，定期举办高等职业教育"走出去"发展论坛；设立高职院校联盟科研基金，保证充足的研究经费；设立"一带一路"高职院校联盟奖学金激励优秀学生；坚持高职院校联盟的智库共建，发挥不同高职院校不同类型的智库在政策制定、经济发展以及科研工作等领域的指导作用，熟悉"一带一路"建设中各国支柱型产业的需求，有针对性地发挥高等职业教育的人才培养优势。

（二）构建基于横向发展的各类高等职业教育发展共同体

"一带一路"倡导的原则是共商、共建和共享，这要求在伴随企业"走出去"过程中，充分发挥不同高职院校、不同企业、不同社会组织的办学特色和优势，组建高等职业教育发展共同体，为高职院校"走出去"提供更优质的人才和技术支持。构建基于横向发展的高等职业教育发展共同体，可以采取以下三种途径和方式：一是构建区域高等职业教

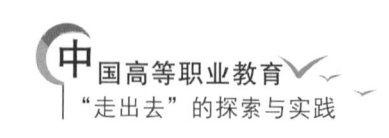

育发展共同体,"一带一路"沿线高职院校根据企业"走出去"的实际需求,区域高职院校根据各自共同的目标,组建成立服务企业"走出去"的区域高等职业教育发展共同体;二是构建国家高等职业教育发展共同体,由政府或教育行政部门,综合考虑企业"走出去"的不同需求,统筹高职院校的办学实力和服务能力,成立国家高等职业教育发展共同体,有针对性地为企业"走出去"在基础设施、跨国投资、国际贸易等领域提供急需人才;三是构建国际高等职业教育发展共同体,企业"走出去"中高职院校不仅需要培养大批具有国际视野和国际经验的"本土化"人才,也要利用企业"走出去"国家的区位优势、资源优势和人才优势,培养企业"走出去"国家的"本地化"人才。因此,高职院校应充分发挥自身优势,积极与国外高职院校开展合作,构建国际高等职业教育发展共同体。

(三)创新高等职业教育集团的发展机制,依托产业园区办学

教育部明确提出,要推动教育教学改革与产业转型升级衔接配套,实现校企协同育人。一方面,高职院校应主动吸引各类主体参与高等职业教育发展建设,多元化创新高等职业教育集团发展机制,促进高等职业教育集团与跨国企业等开展合作。另一方面,由于产业园区具有企业集中、资源集聚明显、产业链条相对完整等平台优势,可以为高职院校参与"一带一路"建设提供相对稳定的平台,助力高职院校应对面临的外部环境挑战。合作高职院校应充分发挥各自优势,在专业设置、人才培养、教学设施建设、教学与管理队伍建设、科技合作等多方面开展深度合作,共同商议合作模式与机制,共建各校优势学科专业,更好地为"一带一路"沿线国家培养高素质应用型专业技术人才。

三、多维搭建，拓展高等职业教育"走出去"的路径

(一) 参与政府和行业协会层面搭建的国际合作和交流平台

高职院校在"走出去"过程中应积极参与如天津"鲁班工坊"、中国教育国际交流协会国际交流项目、"中国－东盟教育交流"项目等。高职院校可充分利用中国教育国际交流协会丰富的国际化资源，如"高端技能型、应用型人才联合培养百千万交流计划""中国－中东欧国家教育能力建设"等项目，院校抱团、齐心聚力，积极推动中国高等职业教育走向世界。教育部、外交部及贵州省人民政府合办的"中国－东盟教育交流周"已举办了8届，打造中国与东盟国家高等职业教育合作品牌，被列入《中国－东盟战略伙伴关系2030年愿景》和《澜沧江－湄公河合作五年行动计划（2018－2022）》，成为双方在教育领域最重要的交流合作平台。迄今为止，"中国－东盟教育交流周"的参会学校及教育机构逾千所，签署近800份教育协议或合作备忘录，为加深中国与东盟国家之间的友谊，推进双方在教育领域的务实性合作做出了重要的贡献。也可积极参与教育部中外语言交流合作中心境外孔子课堂项目，发挥孔子课堂遍布于世界各地的优势，拓展其传播中国语言和文化以外的职能，使其成为中国职业技术技能培训输出的重要阵地。2019年9月，孔子学院与泰国职业教育委员会合作的泰国首届职业教育"中文＋职业技能"赛举行。来自泰国各地的1168名职业院校学生参加了比赛，内容覆盖铁路、航空、新能源汽车、工业机器人等7个领域，取得了良好的示范效应。

(二) 搭建由中外政府、行业、企业、院校参与的高等职业教育联盟

充分利用联盟内成员具备的信息和资源优势，为学校国际化发展提

供决策依据，降低国际合作交流的风险，实现国际化精准和高效发展。比如，2018年10月，山东理工职业学院与泰国曼谷职业教育中心合作共建孔子六艺学堂，按照"汉语＋文化＋专业＋产业"模式设计开展学历教育与职业培训，旨在将中国优秀高等职业教育成果输出到泰国，服务走出去的中资企业，助力中泰产能合作。① 中国的职业教育领先于泰国，孔子六艺学堂的合作建设对于泰国高等职业教育是一个非常好的学习与发展机会。宁波职业技术学院牵头成立发展中国家职业教育研究院，与孟加拉国文凭工程师协会、斯里兰卡职业技术大学合作成"中国－南亚职业教育研究中心"，在孟加拉国设立"孟加拉－中国职业教育研究中心"，在斯里兰卡设立"斯里兰卡－中国职业教育研究中心"。2017年3月，苏州市职业大学与巴基斯坦吉尔吉特·巴尔蒂斯坦地区教育厅共同成立中巴经济走廊文化交流中心，在中巴经济走廊项目的框架下开展两国教育与文化交流合作。一方面，积极开展中巴人文交流活动，增进两国间了解和友谊；另一方面，为巴基斯坦经济发展和中资"走出去"企业培养技术技能人才。截至2020年7月，首届37名毕业生里有17人进入中资驻巴基斯坦企业实习，5人在中资企业就业。

---

①山东省高等职业教育质量年度报告（2019）［EB/OL］［2019-06-09］. http：//edu. shandong. gov. cn/ar2019/6/19/art＿12061＿7735351. html

第五节　强化内涵建设，增强"走出去"的内功

随着经济全球化及"一带一路"倡议的深入推进，高等职业教育所呈现出的重要作用也越来越明显，各国都将教育作为优先发展战略，通过多种手段来提升各自国家高等职业教育的国际化水平。2015年9月教育部出台的《高等职业教育创新发展行动计划（2015—2018年）》明确提出要扩大职业教育国际影响，通过实施国际化建设工程，着力打造国际化专业、国际化课程、国际化教学团队，塑造职业教育的"中国品牌"。职业教育是技术技能人才培养的主阵地，是促进技术更新换代和创新的主要平台，更是提供专业服务和技术的重要力量。在当前高等职业教育国际化和"一带一路"倡议深入推进的大背景下，高职院校要善于抓住机遇，以内涵发展为关键点，对增强"走出去"的内功有着十分重要的意义。

一、拓宽国际视野，树立国际化教育理念

（一）提升高等职业教育国际化办学理念

当前，中国面临着愈发复杂的国际形势，在社会各个领域的竞争中，机遇与挑战并存，在这种情况下，高职院校就更应主动作为，不断更新办学理念，提高国际化水平。国际化办学理念体现在教学科研及管理等多方面。高职院校应充分重视和认识国际、国内两个市场，在办学理念上与国际接轨融合，积极参考和吸取国外优秀职业院校的先进做

法，不断创新教学方法与手段，改造课程教学内容，不断优化教学质量评估方法与工具。在应用研究方面，吸收和借鉴国际先进研究方法，积极同国外教育机构、行业企业开展合作交流；在管理与服务方面，学习国际职业教育先进的管理与服务理念，推行现代职业教育制度，提高管理和服务水平。通过学习国外先进经验和做法，创新中国高等职业教育的办学理念，打破惯性思维和传统思维对人们的束缚，促进中国高等职业教育国际化发展。

（二）强化国际化人才培养意识

理念是行动的先导。中国高等职业教育"走出去"发展，需要加强国际化发展理念，只有树立国际化发展理念，才能探索出适合的中国高等职业教育国际化发展模式。高职院校要想在"十四五"期间乃至更长一段时期内建设成高质量的教育机构，获得国际教育界的认同，就需要立足国情，放眼世界，通过行业产业发展情况来审视自身的价值，需要从教育全球化发展趋势来审视自身发展，谋划未来，承担培育具备国际视野与国际竞争力的优秀技术技能人才的社会责任。高职院校的管理者、教师、学生应该树立世界公民的理念。在国际化的今天，高等职业教育作为整个教育体系中的重要组成部分，立足于公平、正义，推动人类社会的共同发展。高职院校还应担负起培养适应全球化需要的世界公民的重任，培养具有人文底蕴、国际视野，适应"一带一路"建设，参与国际合作与竞争的专业人才。教育的本质是人的培养，高等职业教育的国际化也必须通过"人"来完成，从"人"的思想、行为、结果来衡量，因此，高职院校将学校的国际化大目标内化为精气神，增强与高等职业教育相关联的所有人员的忧患意识，帮助高职院校更为清晰、全面地认识其在国际化进程中所面临的短板与不足，从思想上不断提升师生对国际化发展的认同感。①

二、打造专业特色，推进课程建设

《高等职业教育创新发展行动计划（2015—2018年）》指出，高职院校要助力国家优质产能走出去，主动服务"走出去"企业的需求，培养具有国际视野、通晓国际规则的技术技能人才和中国企业海外生产经营需要的本土人才。高职院校能否完成人才培养目标，核心在于专业是否适应国际市场对人才培养的需求，而课程建设是专业建设的基础，是助力高等职业教育"走出去"的引擎。

（一）重视专业特色和品牌建设

专业是高等职业教育人才培养的载体，高职院校要结合自身办学实际和合作方劳动力市场需求，整合学校优势专业资源，打造能有效开展国际化人才培养的专业集群。积极引进国外的成熟标准，如欧盟的《欧洲资格框架》、德国的《培训资格条例》、英国的共同评价框架、美国社区学院的专业设置等，结合符合中国实际的标准，对照框架和内容进行分析、比较和开发。参与职业教育发达国家的专业国际认证，如《悉尼协议》《华盛顿协议》《都柏林协议》等，保障高职院校的人才培养体系和质量与国际标准接轨。探索将专业标准和职业资格标准对接国外企业，如"一带一路"沿线国家企业的技术标准体系等，在对接融合的基础上打造中国高等职业教育品牌，提升高等职业教育专业的海外吸引力。同时，在专业教学中融入如"知行合一""终身学习""工匠精神"

---

①彭薇. 区域高等职业教育国际化理论与实践研究［M］. 吉林大学出版社，2020：204-205.

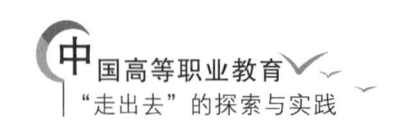

等中国特色职业教育的思想和理念。

(二) 创新课程体系构建，提高教学成效

服务"一带一路"，探索与中国企业和产品国际化相匹配的高等职业教育发展模式，构建与国际标准接轨的专业标准、课程体系，加快培养符合中国企业"走出去"要求的技术技能人才是高职院校肩负的责任。要想实现中国高等职业教育"走出去"，高职院校应致力于构建开放型高等职业教育体系，开展多形式、多层次、高水平的国际合作办学，注重提升校企合作质量与人才培养质量。借鉴"鲁班工坊"的工程实践创新项目教学实践经验，以中国特色的高等职业教育教学模式来培养国际化人才。借助于完整的、真实的工作过程来开展教学活动，使学生通过收集信息、确定实施方案、具体实施、成果检查等来开展学习。这种国际化教学模式应强调：在课程设计方面，以专业核心技能为基础，确立各阶段的课程知识和技能，实现核心技术教学与课程设置、学生校内外实训、职业资格考试等相匹配；在教学组织与实施方面，营造真实的或模拟仿真的工作环境，借助典型的工作项目，通过理论与实践相融合，使学生参与完整的工作过程，习得技术技能，培养工匠精神，发展综合职业能力。要认识到课程国际化是高等职业教育国际化的必然结果。高职院校要以最新的职业技术国际化人才培养规格和专业建设的方向确定课程建设的目标、内容、组织开展和评价方式等，构建开放的国际化课程体系。如德国针对工业4.0，积极开发双元制职业教育培训职业课程。通过确定"工业4.0"的通用行动领域，对典型工作任务的分析，构建对应的学习模块，使"双元制"职业教育逐步与国际化发展发轨。高职院校要依托有办学基础的、实力强的专业开展课程国际化建设，密切关注优势专业对应行业和企业的信息与资源，以最快的速度传

递到课程中来。

(三) 丰富专业教学资源，实现共享

教学资源共享是"走出去"的必然要求。将"一带一路"倡议的合作理念、规则机制等内容纳入课程体系，开发具有行业针对性的校本课程，并增加非通用语言、国际贸易和企业管理等课程。在传统定点授课的基础上，适当变革教学模式，对于学习时间与地点不固定的学员，可采用互联网开展线上授课，通过建立校内与校际间的网络学习平台，共享教学和学习资源，实现跨院校、跨区域的教学合作。中国高等职业教育"走出去"办学中专业建设是重要环节，专业建设的好坏直接影响到高职院校学科结构和长远发展以及人才培养质量。中国高等职业教育"走出去"办学以"一带一路"为背景，"一带一路"发展以民心相通为基础，因此，专业建设需要通过整合双方学校的优质资源，选择合适的优势专业，保障境外办学的吸引力和人才培养质量，从而最大限度地将企业需求、文化、技术、标准等融入"鲁班工坊"建设的各个方面，完善国际化人才培养方案，加强国际化专业建设、国际化立体教学资源建设。对接专业标准、职业技能标准，以工作过程为导向，以工作任务为引领，合理设计教学情境，重构知识、序化内容，实现校企双元主体深度合作，开发集活页式（手册式）文本、图标、动画、音频、视频等资源及网络信息化资源为一体的高质量、多功能、价值大的立体化融媒体教材。[1]

(四) 加大教师与学生的"双轮"驱动力度，提升师生素养专注发展

对于高职院校"走出去"而言，其担负的重任主要是学生培养的国

---

[1] 余姗姗，何少庆．"双高计划"背景下高职院校国际化发展的导向、问题与对策[J]．教育与职业，2020（10）：33-39．

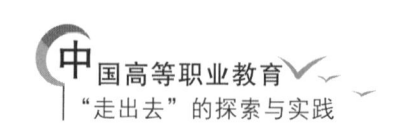

际化，而实现这一重任必须提升教师的国际化水平。因此，促进教师与学生的"双轮"驱动，有效地提升他们的国际化视野、国际化专业技能、国际化语言能力等至关重要。对于教师而言，高职院校的管理队伍、师资队伍要着眼于国际化培养与塑造，提升教师的国际视野，按照中国制造2025、国家重点产业和海外重点投资项目的要求，实施卓越师资的海外培训计划，鼓励教师海外进修与攻读学位，对接重要行业和产业的世界先进技术标准。逐步在全球有关国家建立职业院校教师实践实训进修基地，充分利用海外师资和实训基地，有计划地选派国内骨干教师和管理人员进行培训，全面提升其管理水平和教育教学能力。依据国内重点专业、重点行业的师资紧缺现状，有针对性地从海外引进师资，制订教师质量标准，增强中外教师的学习与交流。对于学生而言，强化学生人才培养的国际化视野和专业技术能力。根据高职院校学生特点和外语基础，制订符合学生实际的课程标准和教材，不断深化改革教学方式，强化学生学习外语，提升学生的外语交际能力。针对具备国际通用技术标准和资格认定的岗位，实施双语教学，引进国外优质课程资源。加强学生的对外交流，充分利用国内国外的跨境校企合作实训基地锻炼学生的交流能力和实操能力，全面拓展学生的眼界，提升学生的国际视野。

（五）拓展汉语教育方式，促进人文交流

中资企业在海外投资需要雇佣大批员工，然而许多国家严格限制中方的劳务输入，在中方对外承包的工程项目中明确规定雇佣当地劳动力的最低限额。因此，通过雇佣当地员工，更易于与当地的雇员和政府官员进行沟通，并利用合作国的人力和物质资源节约成本，促进输入国对中国技术技能和企业标准的接纳。"一带一路"沿线国家众多，语言教

学面临巨大的挑战,外籍学生的中文水平较低,短时期的语言教学难以满足实际教学的需求,现阶段,鲁班工坊借助英语辅以简单的汉语进行沟通,并在 PPT 中进行专业词汇的标注。外籍教师尽管英文水平较高,但由于口音较重,交流中也有一定的难度。为了强化语言教学效果,应根据行业企业需求灵活编写教材,有针对性地选择内容,侧重行业汉语培训,实现"教、学、用"三位一体的有机整合。语言是文化的载体,通过文化交流深化外籍学生对中文的理解,应加强对外籍学生的中国文化教学,使外籍毕业生更快地融入中资企业的工作环境。同时应建立帮扶机制,加强教师对"一带一路"国家政治、经济、文化及教育的了解。

三、坚持引进与培育并重,打造优质师资团队

师资队伍是高职院校内涵建设的关键,是助力高等职业教育"走出去"的稳定器。教育的根本任务是育人。要培养具有国际竞争力的一线技术技能人才,高职院校须建立一支具备国际视野、国际育人理念和本领的师资队伍。师资队伍建设不仅包括专业教学和科研工作人员,也应包括管理和教辅人员,如来华留学生辅导员等。

(一)加强师资队伍建设,增强服务企业的能力

中国高等职业教育"走出去"旨在为"一带一路"沿线国家建立高职学校,既服务中国企业"走出去",为"一带一路"倡议的实施培养所需各类人才,也为沿线国家发展培养所需人才。随着中国企业"走出去"步伐的加快,中国企业需要大量既懂中国技术和设备标准,又懂汉语和中国企业管理文化的技术人才,这就需要打造一支高素质师资队

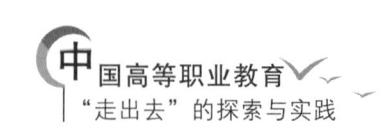

伍，增强服务企业的能力。"双师型"教师队伍的建设是高职院校的主要目标，需要学校与企业密切合作，尤其是企业要对教师的要求制定严格标准。标准为先，教师为重，积极发挥中国高等职业教育的优势，为"一带一路"沿线国家培养最优质的师资队伍。一方面，通过国际合作项目的共建过程，携手企业为合作院校提供最先进的管理技术和管理理念，提升管理队伍的能力；另一方面，为合作院校提供最先进的技术和装备，组建顶尖的专业及专业群，共同开发基于工作过程、面向职业技能大赛、服务于高校综合职业能力培养的立体化的优秀教学资源，使这些教师成为中国技术和中国工匠精神的吸纳者和传承者，通过他们的身传言教，让"一带一路"沿线国的广大青年能够了解中国制造、熟悉中国工艺、掌握中国技术。

（二）加强教师跨文化能力，提升国际人才培养质量

可持续化发展的国际化师资队伍是保证中外合作办学质量的关键。在"一带一路"建设中，人才培养的关键在于师资，中国高等职业教育"走出去"过程对每一位教师具备的职业素养提出了更高的要求，教师不仅要拥有过硬的教学与科研能力，还需具备良好的外语水平和跨文化能力。中外合作办学涉及的外籍学生属于特殊群体，基于两国高等职业教育理念的差异性，教师在教学中需要充分考虑学生的个体独特性，调整自身的授课方式。优秀教师资源是中外合作办学的重要支撑，教师应充分理解跨文化合作项目的内涵，坚守中国先进的高等职业教育理念，尊重异国文化，遵守国际规则。培养适应"一带一路"建设的复合型人才需要教师具有较高的职业素养。教师除了要拥有教学、实践、科研、服务等能力，也要具有驾驭国际先进知识的能力和用国际视野解决问题、从容参与国际化教育活动的能力。高职院校可引进国外优秀教师提

升教学团队的水平，从而带动国内教师素质的整体提升，鼓励教师参加国内外各类高质量学术会议，与国外同等高水平高校开展校际合作，建立海外教师培训基地来实现互学互鉴。定期举办教师学习交流活动，开展优秀教师教学经验交流与分享，共同探讨高效的教学模式。同时还要积极引进外部优秀"双师型"人才。高职院校要营造学校的国际化氛围，积极举办跨文化交流活动。文化教育是一种隐性的教育，它不是抽象的理论说教，而是通过耳濡目染，潜移默化地将文化借鉴和融合贯穿于教育、管理和服务的全过程。教师通过参与活动，一方面能拉近与外籍友人的距离，近距离感受国外文化；另一方面，能增强教师对自己教学能力的自信，对本国文化的自信，践行习近平总书记在党的十九大报告中强调的"四个自信"等重要精神。

（三）打造科教创新服务平台，提升教师科研水平

通过平台整合优质高等职业教育资源、开展"一带一路"高等职业教育研究，都是深化高职院校国际化内涵、实现高等职业教育国际化创新发展的重要途径，有利于提高高职院校国际化决策的科学性和可行性。在"一带一路"建设中，人才培养的关键在于优势师资，高等职业教育"走出去"对每一位教师具备的职业素养提出了更高的要求，教师不仅要需具备广阔的国际化视野、坚定的服务意识、良好的外语水平，还要拥有过硬的教学与科研能力，通过开展教师的外语培训，鼓励教师参加高质量的国际会议、参与海外院校的交流活动与合作研究，帮助其提升国际交流能力与科研能力。国际学术研讨会是推介中国高等职业教育发展理念和经验、促进合作交流的重要平台。借助国际化科研合作平台，为"一带一路"沿线国家和区域的国际合作与交流提供"中国建议"，也为高水平高职院校建设走向纵深化提供支撑和保障。加强与国外高校、行业、企业的交流，推动国际化人才培养、教育培训、文化交流、团队建设的战略协同，实现国际科教融合发展的良性循环。成立专门研究机构，深入了解"一带一路"沿线国家对高等职业教育的需求。随着"一带一路"倡议的深入推进，中国与发展中国家高等职业教育的合作需求将越来越多，但一直以来，中国高等职业教育研究的对象国主要是发达国家，对发展中国家的研究较少，对高等职业教育发展的需求把握也相对不足。因此，当务之急是开展"一带一路"沿线国家高等职业教育发展及其需求的研究，通过引入目标国家的研究资源，有效弥补仅靠文献或调研开展研究的不足。高职院校应当重视国际化科研的引领作用，积极探索构建校、政、行、企、研协同发展的国际科教创新服务平台，将高水平专业群体、中外合作办学项目、海外办学机构优质国际化办学资源引入平台的实体化运作。鼓励项目负责人、专业带头人、科研骨干等带头组建国际化专项研究团队，针对国际化专业建设、人才培养、产教融合、标准建设等领域开展深入研究，以"一带一路"沿线国家为重点开展经济、政治、文化、社会发展等领域的研究，以政府推进企业"走出去"的发展为出发点开展对策性研究，从而形成支撑高职院校国际化办学的综合研究体系，建立健全平台运营管理机制。

（四）改革教师教育激励和评价机制

要加大对国际化师资建设的资金投入，积极构建多元化的国际化师资建设教育基金，通过争取企业赞助或者设立国际化师资建设基金等方式，以确保高职院校国际化师资建设的资金。要保障正在国外进行访学培训与交流的教师享有工资与福利待遇，全部承担教师培训期间所产生的培训费、差旅费，对自费公派学成归国者予以适当的奖励，对出国研修或者访学的教师制定详细的评价制度，人事部门跟进国外研修教师的工作、学习情况，以便及时了解他们所面临的困难与问题，并及时采取各种措施和手段保证教师在国（境）外的研修效果。要将国际化教学和研究成果纳入教师的考评体系，给予国际化办学一线的教师和管理人员职称评聘等方面的优惠政策，积极推行教师学术休假制度，使教师有条件利用学术假期出国交流学习，激励教师积极投入境外教学。高职院校应主动与上级教育主管部门交流沟通，解决校内教师境外研修培训需求，加大对教师境外研修工作的支持力度。同时，还应与境外培训单位加强沟通，科学谋划培训内容和培训方式，确保培训质量的有效达成，切实提高受训教师的专业水平。

四、增强高等职业教育"走出去"能力

（一）高职院校在考虑"走出去"时应做到"知己知彼"

高职院校在考虑"走出去"时应做到"知己知彼"，才能提高决策的科学性与可行性。"知己"是立足校情，明晰高职院校的办学定位和办学条件，明确"走出去"在高职院校发展中的意义和路径选择，包括高职院校需要怎样的国际化作为办学支撑，高职院校可输出哪些理念和资源，高职院校国际化形成了哪些特色，国际化水平在本区域内、在国内属于什么样的层次等。切忌盲目跟风，照搬照抄，要实事求是，树立科学的且具备融合学校、区域、行业特色的国际化办学和育人理念。"知彼"是充分研究潜在的合作对象，认知其合作需求，掌握其"痛点"和"兴奋点"。以与"一带一路"沿线国家合作为例，"一带一路"涉及65个国家和地区，各国国情和文化习俗都不一样，高职院校与"一带一路"沿线国家合作过程中，应先了解目的国政府、企业、学校和中国"走出去"企业的需求，以及与他们合作的注意事项等，然后依据自身

的办学优势和特色，精准选择和开展合作项目。我国高等职业教育起步晚、底子薄，各地发展不均衡，因此，要更积极地学习国外优秀的职业教育理念、人才培养模式，但都必须符合我国的具体情况和实际需求，这就需要认真取舍，对不适应或部分适应的进行改革创新，也就是推进高等职业教育本土化。中国高等职业教育在国际化发展过程中，借鉴了德国的双元制模式，美国的个性化、能力本位教学方式等，结合了中国高等职业教育的实际情况，考虑到了职业教育的地域差异性，有针对性、有区别地选择和试验，取得了不错的效果，这种高等职业教育本土化的过程是我们走向国际化最重要的一步。中国高等职业教育在保持自身特色的前提下，坚持学习西方良好的高等职业教育观念、办学模式等，做到"以我为主，为我所用"，推动发展具有中国特色的国际化高等职业教育。[①]

（二）将高等职业教育从谋生工具转变为达成理想的途径

多年来，高等职业教育一直被视为企业培养合格劳动力的教育。高职院校着眼于把学生培养成为能够满足各类企业、工厂所需的合格劳动者；家长期待孩子从高职院校毕业后能谋到一份理想的工作；而学生则将自身的发展定位于学会某项或某几项技能。在这样的思想背景下，高等职业教育及其所培养的人才很难走向更高层次，我国高等职业教育"走出去"也只能走进经济较为落后的发展中国家，对于经济与科技发达的国家来说并无明显优势。要想扭转这种局面，须将高等职业教育转变为人们满足自身兴趣、实现职业理想的路径，将高等职业教育由中考、高考落榜生的不得已选择转变为学习优异者也乐意投身其中的事业

[①] 汤晓军. 中国高等职业教育国际化现状研究［M］. 苏州：苏州大学出版社，2021：69.

与追求。

（三）促进高等职业教育与普通教育融通，提升高职院校科研人才的技能水平

当前，我国经济正从劳动密集型向技术密集型转变，这就需要高职院校提升人才培养的层次与理论技术的教育水平，而普通中学亦应设置职业技能课程，逐步淡化与缩小职校与普通中学之间的差异与距离，促进职业学校与普通中学及高校之间的合作与融通。作为全国的教育大省，广东省近年来正逐步适应这一趋势，一方面逐步提高初中毕业生升入高中的比例；另一方面则着力提升职业学校的办学层次，将中职学校提升至高职，将高职学校提升至本科层次。政府还提供政策支持，投入资金推动职校与企业的联系与合作，一方面鼓励学校与企业携手培养人才，促进职校学生及企业员工在理论水平、技术水平及实践能力方面的全面提高；另一方面则激励学校与企业进行科研合作，进行技术创新或开发新产品，提高职业学校的科研能力和技术层级。

第六节　开拓资金渠道，降低"走出去"的风险

高职院校"走出去"办学需要高额的经费保障，然而，当前高职院校"走出去"办学大部分经费依赖于学校自身，而"走出去"办学耗资巨大，如果仅靠一己之力，难以保证合作项目长期良性运行。因此，中

国高等职业教育"走出去"需要通过多种途径获得充足的经费保障,以减少"走出去"办学的风险。

一、中央和地方政府应设立专项经费

(一)建立国际化经费保障机制

为了激发高职院校国际化办学的积极性,政府应设立高等职业教育国际化专项经费,做到经费在公办与民办高职院校之间、不同区域院校之间的合理分配,引导边远地区高职院校充分利用地缘优势,在国际化工作中积极对接国家"一带一路"倡议。比如,广西充分利用地域优势,和东盟国家开展了富有成效的合作,搭建了东盟语种人才培养基地、中国—东盟边境职业教育联盟等对外合作平台,政府给予平台建设经费支持。同时,逐步增加政府面向东盟国家留学生的奖学金额度,把广西建成东盟学生留学主要目的地,打造"留学广西"品牌。同时,高职院校应在进行项目可行性论证、绩效分析等充分调研的基础上编制国际化工作预算,制定资金管理办法,做到任务与考核相结合,提高资金使用效率。逐步建立完善多元经费投入机制,多渠道吸纳各类社会资本对高职院校国际化项目的投入,尤其是要加强与"走出去"企业的合作,形成多渠道经费保障机制。[①]

(二)在国家政府奖学金中设置高等职业教育类别

为了吸引更多的国际学生来中国就读高职院校,学习中国先进的职业技能,政府应将高职院校国际学生的奖学金纳入"中国政府奖学金"范畴。同时应充分考虑高等职业教育教学的特殊性,放宽对国际学生顶

---

① 汤晓军. 中国高等职业教育国际化现状研究[M]. 苏州:苏州大学出版社,2021:75.

岗实习的限制。引导各地政府参照执行，在省政府奖学金、市政府奖学金中设置高等职业教育类别，以便吸引更多"一带一路"国家的留学生进入高职院校学习。以浙江省为例，为提高优秀留学生留学浙江的热情，浙江省逐年增加来华留学生奖学金名额和奖学金额度。2018年以来，先后有2000多名高职院校的留学生获得了省政府奖学金。在地方政府的引导下，杭州、宁波、金华等地也相继设立面向高等职业教育的市政府奖学金，如金华职业技术学院还设立了校级留学生奖学金。因此，中央和地方政府应根据高职院校的切实需求，设立推动服务企业"走出去"的专项资金，可以从服务"一带一路"倡议的专项资金中划拨出一块高等职业教育助力企业"走出去"基金，服务企业"走出去"，助力中国高等职业教育"走出去"。

（三）开拓经费来源渠道

中央和地方政府应充分认识到高等职业教育在"一带一路"建设中对企业人力资源培育提升的特殊功能和重要作用，应从"一带一路"相关专项资金中划拨出高等职业教育助力企业"走出去"基金。也可以充分发挥社会资本和民间力量的重要作用，探讨新型多元投入机制。境外办学主体除政校企三方外，还涉及行业组织、研究机构、民间组织等利益相关方，因此，要多渠道开辟经费途径，构建稳定的相关方的经费投入来源。充分运用中央和地方政府职业教育经费，形成专项，支援"走出去"的高职院校，同时还要充分利用社会资金，鼓励中国企业与高职院校合作，为"走出去"海外办学提供资金支持。还要积极探索和发现其他支持方式和渠道，特别是社会力量的投入。此外，国家对"走出去"的企业都有经费支持，可以考虑从这些企业中争取对高等职业教育的支持。国家在实施"走出去"建设过程中，有大量经费投入，如国家

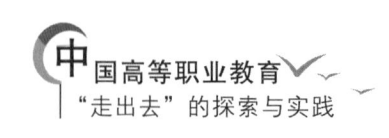

对外汉语教学、文化部对外巡演等，也可以考虑争取支持这些经费。

二、高职院校加大开源力度

（一）增加高职院校经费投入

高职院校"走出去"办学条件的提升依赖于教育经费的投入，而且投入的教育经费需要得到充分的使用，尤其对于地方高职院校来说，当地政府对高职院校的经费来源、资金状况等方面更加需要进行了解，制定出合理的政策来为高职院校提供资助。此外，高职院校也应该开拓经费的筹措渠道，通过为政府、事业单位以及企业单位提供培训或者技术服务的方式增加收入，在校企合作中，高职院校还可以从企业获取足够的经费支持，通过改善和提高办学基础条件促进高等职业教育服务企业能力的提升。

（二）广泛吸纳社会资金

高等职业教育"走出去"所需经费投入比较大，不管是涉外交流合作，还是国际化人才培养，所涉及到的交通费、师资培训费、知识产权费、人才培养费等都是投入巨大的，而当前高职院校的经费来源主要为财政拨款、学生学费等，收入来源有限。因此，在推动高等职业教育国际化进程中，高职院校要转变理念，摒弃"等、靠、要"思想和完全依赖政府财政拨款的思维，主动面向市场，在深入分析行业企业真实需求的基础上，通过社会服务筹资深化产教融合，建立校企命运共同体，既能提升办学水平和社会服务能力，又能较好地补充学校的办学经费。同时，高职院校还要积极争取社会、企业捐助，尤其是国有企业应该发挥一定的带头作用。

三、构建多元化资金投入模式

(一) 构建政府扶持、社会资金参与多元化的资金投入模式

高等职业教育"走出去"可采取政府、企业和社会分担机制,可借鉴德国《联邦职业教育法》,明确参与高等职业教育的企业承担为高等职业教育提供资金的责任。设立专项发展基金,吸引多元资金参与,助推高等职业教育"走出去"发展。立足在沿线国家和地区的跨境投资发展的实际情况,根据跨境企业的发展需求,由政府扶持、企业和当地有关部门共同投资,鼓励高职院校参与境外办学。通过政府资金支持,避免高职院校"负重前行"。利用税收减免等方式,增强企业、金融服务机构等社会资金参与境外办学的动力,鼓励企业与高职院校"捆绑"在一起到境外合作。企业可以为高职院校提供前期资金支持,由企业提供实习设备和场所等,企业可以通过高职院校培养人才,通过高校与当地社会、文化进行较好的融合。同时,可以考虑以"双高"高职院校为试点,参照国有企业在境外投资资金的管理使用办法,尝试探索利用部分公共财政投资境外办学。

(二) 建立多部门共同参与的联动机制

想要提高高职院校"走出去"的主动性和积极性,形成高等职业教育"走出去"的合力,政府应对"走出去"的高职院校给予政策和经费支持。当前《高等学校境外办学指南(试行)(2019年版)》的发行,对高等职业教育服务企业"走出去"指明了方向,但需要健全跨部门协作机制,给予"走出去"的高职院校实质性支持。健全由教育、外交、商务、财政等相关部门共同参与的跨部门协作机制,多渠道筹措办学资源,建立多元化经费筹措机制,合力解决高职院校的师资派遣、奖学金

支持等经费问题。盘活中央和地方的职教经费、设立高等职业教育国际化专项经费，合力解决"走出去"的资金问题。积极探索多方融资渠道，建立多元化经费筹措机制。充分发挥企业的重要作用，特别是从有高等职业教育需求的"走出去"企业中争取对高等职业教育的资金支持。

第六章 示范与启示：高等职业教育"走出去"的广东实践

广东是中国职业教育大省，而"一带一路"沿线国家劳动力市场巨大，职业教育培训需求旺盛，为广东高等职业教育发展提供了更大的机遇。广东高职院校全面贯彻落实习近平总书记关于"走出去"的重要讲话精神以及对广东提出的"四个走在全国前列"的要求，积极响应国家倡议，聚焦广东省优质的高等职业教育及企业资源，巩固与"一带一路"沿线国家的交流与合作，加强广东高等职业教育走向国际、服务国际化人才培养的影响力，不断传播广东省"一带一路"职业教育品牌，在国际化办学、制定国际标准、"走出去"境外办学、招收来华国际生、打造国际交流合作平台等方面开展广泛合作。通过广东省"一带一路"职业教育联盟平台创新探索教育国际化合作模式，积极整合院校、校企资源，推动高职院校国际化发展，促进国际化产教融合进程。近年来，广东高职院校跟随企业"走出去"，为当地提供了坚实的人才支撑。产业学院、"鲁班工坊"、海外分校、海外技术技能培训基地等一系列高等职业教育服务企业"走出去"的新模式日渐成熟，在服务企业"走出去"的技术技能人才培养、行业产业转型升级和社会经济发展等方面做

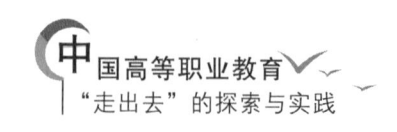

出了积极贡献，为"一带一路"沿线国家职业教育发展贡献了中国经验、中国榜样和中国标准，形成了良好的国际影响力。

第一节　广东农工商职业技术学院实践成果

"一带一路"倡议是习近平新时代中国特色社会主义思想的重要组成部分，习近平强调，要以"一带一路"建设为重点，坚持"引进来"和"走出去"并重。"一带一路"倡议的提出为中国职业教育"走出去"搭建了广阔平台，也带来了崭新的发展机遇。一方面，高职院校通过"走出去"提升内涵建设；另一方面，带动中国职业教育标准的输出，在世界职业教育舞台上掌握话语权，为构建人类命运共同体贡献中国经验、中国智慧、中国方案。有鉴于此，广东农工商职业技术学院在2015年7月开始探索职业教育"走出去"的新模式，在广东农垦橡胶集团泰国分公司和柬埔寨分公司分别成立了"泰国学习中心"和"柬埔寨学习中心"，职业教育"走出去"迈出了关键性的第一步。近年来，在"一带一路"倡议下，广东农工商职业技术学院在"走出去"方面聚焦两个着力点：一是紧跟广东农垦"走出去"战略，成为服务海外中国企业国际化的开拓者；二是输出优质职业教育资源，成为东南亚职教共同体的打造者，赢得了广泛的国际声誉。2017年、2018年连续两年获得全国高职院校"国际影响力50强"。

第六章
示范与启示：高等职业教育"走出去"的广东实践

一、职业教育"走出去"的实践类型

中国职业教育"走出去"旨在为"一带一路"沿线国家合作建立职业学校或服务中国企业"走出去"，为"一带一路"倡议的实施培养所需各类人才，同时也为沿线国家发展培养所需人才。随着中国企业"走出去"步伐的加快，中国企业需要大量既懂中国技术和设备标准，又懂汉语和中国企业管理文化的一线技术工人，这就需要中国职业教育"走出去"。近年来，广东农工商职业技术学院将"走出去"作为内涵建设的新抓手，充分考虑输出国的职业教育需求，多渠道输出中国职业教育的经验和成果，助力"一带一路"建设。

（一）专业技能输出

援外培训是我国职业教育服务"一带一路"建设的重要模式。作为农业农村部直属院校和华南农垦培训中心，广东农工商职业技术学院在20世纪80年代开始承担国家农业领域的援外培训任务，在输出专业技能方面积累了丰富经验。为服务"一带一路"沿线国家并推动相关国家农业领域务实合作的战略举措，近两年，广东农工商职业技术学院承接了农业农村部、广东省农业农村厅共10个援外培训班，分别为：泰国农村发展研修班、发展中国家现代农业管理研修班、巴拿马农业发展研修班、发展中国家现代农业科技创新研修班、哥伦比亚减贫能力研修班、阿富汗农村政策与实践研修班等，共有来自"一带一路"沿线22个国家的农业官员、农业管理人员及农业技术人员500多人参加了培训，把中国先进的农业技术技能输出到"一带一路"沿线国家，在实践探索中，构建了"政校企科协同"的援外培训机制。农业农村部、广东省农业农村厅等政府部门为援外培训提供宏观指导和经费支持，学校具体负责课程开发、实施和评价，提供生活服务，广东省农垦总局、中国热带科学研究院、广东省农业科学院等大型企业和科研院所参与制定培训方案、提供师资和实训基地，形成了"政校企科协同"援外培训的良性发展机制，体现了中国的大国担当。2019年，国家农业农村部授予广东农工商职业技术学院"援外培训基地"的称号，展示了学校坚实的办学实力。

（二）课程标准输出

中国职业教育经过数十年发展的经验累积，与发达国家相比更契合发展中国家的发展需要，具备引领发展中国家职业教育的能力，在"引进来"的基础上，已经形成了具有鲜明中国特色的职业教育模式，有"走出去"向发展中国家输出先进职业教育标准的后发优势。国内知名专家马树超教授曾统计过，全国已有100所高职院校开发了283个境外认可的行业或专业教学标准，这些足以证明中国已具备输出职业教育标准的"内功"。针对"一带一路"经济带上的区域产业结构调整的需求，广东农工商职业技术学院2017年开始推行OBE教学改革，优化专业结构和专业布局，以优势专业和特色专业为突破，以制定共同认可的国际化专业课程标准为核心，开发了与"一带一路"沿线国家产业链对接的国际化专业课程。目前广东农工商职业技术学院的精准农业、物联网技术、汽车维修与检测等专业是马来西亚当地产业所迫切需要的，已和马来西亚敦胡仙翁大学和砂拉越科技大学开展多领域的广泛合作，目前汽车维修与检测专业已招收马来西亚学生8人。市场营销专业得到了泰国学生的青睐，市场营销专业已招收泰国等国家的学生22人，2018年完成了《广东商业环境》等课程的中英双语教程编写工作，被泰国和马来西亚共 600 多名学生选修，2019 年学校 BTEC 教育中心为英国培生集团开发了《人力资本管理》《猎头实务》两门课程，已被英方认定并在 110 多个国家的 7000 多个 BTEC 中心使用。这三门课程标准的输出体现了中国职业教育已达到国际水准。

（三）行业标准输出

行业标准是国际通用的重要评价指标。近年来，我国职业教育依托强大的职业教育体系和广阔的就业市场前景，制订了一系列符合"一带一路"倡议的职业教育的行业标准，提高了中国职业教育的知名度和认可度，也为"走出去"企业提供了行业技能的认证标准。广东农工商职业技术学院在输出职业教育课程标准的同时，还为中国企业"走出去"输出职业教育行业标准。作为农业农村部直属院校，紧跟广东农垦"走出去"战略，秉承"垦区产业发展到哪里，学校专业服务到哪里"的服务理念，关注职业教育中行业标准的开发和应用，主动服务广东农垦"走出去"企业，2018 年为广东农垦橡胶集团公司海外分公司开发了《橡胶加工安全生产规范》标准，目前已被广东农垦橡胶集团在泰国、柬埔寨、马来西亚、印度尼西亚等 20 多家海外公司认定和使用，3000 多名企业员工受益。职业教育行业标准国际化使学校服务国家对外发展战略有了新路径，有利于学校在农业类职业教育专业、行业标准国际化方面掌握主动权，有助于培养具有国际视野、通晓国际规则的高素质技能人才，为中国企业"走出去"提供技术服务支持。

（四）教师资源输出

目前中国已建立比较完备的职业教育体系，拥有一支精湛的职业教育师资队伍。在职业教育"走出去"的过程中，高职院校派遣优秀教师

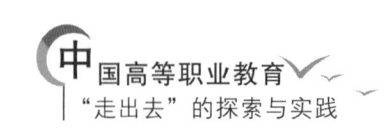

到"一带一路"沿线国家的企业开展员工培训和指导实践，通过召开国际研讨会、实地考察实现互融互鉴，夯实职业教育"走出去"的基础。优秀教师资源的输出推动了中国高职院校与国外职业院校在教育理念、教学方法、课程改革等方面的合作与交流，增进彼此的契合度，巩固职业教育"走出去"的根基。近三年，广东农工商职业技术学院实施师资培养"引进来"和"走出去"相结合的战略，重点引进适合学校特色专业发展的海归人才，并依托自身的农学特色，选派热作类专业教师、财经类专业教师前往"泰国学习中心"和"马来西亚学习中心"面向广垦橡胶海外员工举办橡胶技术培训班，为泰华树胶（大众）有限公司培训员工 720 人，举办广垦橡胶驻外优秀员工培训班 3 期；与马来西亚砂拉越科技大学和留华同学会共同组建师资团队，对马来西亚农场主和农业技术人员 300 多人进行培训，把先进的农业技术输送到国外。2016 年至今，广东农工商职业技术学院先后选派了 8 批骨干教师到泰国、马来西亚开展教学活动和技术培训，共培训 2000 多人次。2017 年成立了"东南亚研究所"，学校教师充分发挥学校隶属农村农业部和自身专业优势，积极参与农业农村部的科研课题研究，主持《农垦企业"走出去"发展天然橡胶产业的区域选择理论与实践探索》和《广东农垦橡胶"走出去"战略实施分析》等一大批高质量的课题，提升了学校服务中国企业"走出去"的专业水平。

二、广东农工商职业技术学院"走出去"的实践经验

伴随着中国企业"走出去"，中国职业教育主动"走出去"与国外职业院校、企业交流合作，创造出了具有中国特色的职业教育"走出去"道路。作为广东省示范高职院校和广东省"一流高职院校"建设单

位，广东农工商职业技术学院以"一带一路"倡议为引领，紧抓机遇，在职业教育"走出去"方面进行了积极而大胆的探索，努力将中国职业教育的种子播撒在"一带一路"国家的土壤中，让中国职业教育的标准"走出去"，形成中国职业教育的软实力。

（一）讲好中国故事，搭建职业教育平台，彰显"走出去"的影响力

"国之交在于民相亲，民相亲在于心相通"。"一带一路"的核心是"五通"，其中民心相通是根基，而职业教育是促进民心相通的最有效的途径和抓手。中国援外的设施、资金到哪里，中国的职业教育就服务到哪里。为服务"一带一路"倡议，2016年天津市在"一带一路"沿线国家搭建"鲁班工坊"平台，把优秀的职业教育成果输出国门与世界分享。近3年，广东农工商职业技术学院与东南亚地区高校、企业、民间机构互动频繁取得重大进展，与东南亚国家广泛建立姊妹院校，开展务实合作，在"国际农牧业高等职业教育合作与发展会议"和"一带一路"热带农业科技合作论坛等国际舞台上传播中国声音，讲好中国故事，把先进的高等职业教育理念传播到"一带一路"沿线国家，实现"民心相通"。召开3次国际研讨会，与泰国宋卡王子大学普吉分校、泰国清迈职业学院、马来西亚敦胡仙翁大学、柬埔寨国立农业职业学院等21所学校签署了多项合作协议，开展了9个学生访学和联合培养项目、8个外派访问学者和师资培训项目，与泰国中国桥有限公司共建"国际教育基地"，与马来西亚留华同学会砂拉越总会建立"留学生招生中心"，与马来西亚莱拉学院建立"国际合作中心"。先后有16所泰国职业院校校长团共48人到访学校开展交流学习，为泰国23所职业院校共62位教师开展汉语培训，伴随着"一带一路"建设向纵深发展，广东农工商职业技术学院根据自身特点，认真研究"一带一路"沿线国家对

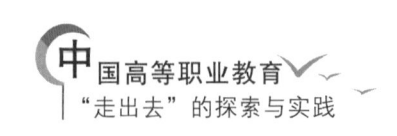

于职业教育的诉求，从而选择了适合自身服务"一带一路"倡议的输出模式。

（二）开发服务海外企业的人力资源，降低"走出去"的风险

中国企业"走出去"需要大量的技术技能型人才支撑。近几年，中国企业"走出去"的数量多、产业领域广、所需要的人力资源体量大，但在企业"走出去"的过程中发现，在输出国缺少既熟悉中国设备又能够达到企业用人标准的高技能人才。在对广东农垦海外企业的调研中，普遍面临着招工难题：一方面，派驻国内员工赴海外工作成本高，还面临语言文化差异的问题；另一方面，当地技术工人技能水平低，缺乏对中国企业文化的认同。因此，在中国企业"走出去"的过程中，迫切需要高职院校助力。广东农工商职业技术学院立足于服务中国企业"走出去"战略，深入研究广东省科技创新国际合作的需求，科学判断学校的优势专业，充分利用自身隶属农业农村部和广东农垦的产业和行业优势，加快"走出去"的步伐，认真开展调研，为广东农垦"走出去"企业培训与其企业发展相匹配的当地员工，在广东农垦海外橡胶企业建立泰国学习中心、马来西亚学习中心，开展海外企业员工培训、海外企业管理人员培训，为企业"走出去"提供强有力的人力资源支撑，从而提高劳动生产率和经济效益，提升中国企业在国际上的竞争力。2019年广东农工商职业技术学院与泰国最大的橡胶集团公司合作设立了"培训学院"，着重开发服务广东农垦"走出去"企业人力资源，有效降低了广东农垦企业"走出去"的风险。

（三）完善校内规章制度，增强"走出去"的内功

作为广东省"一流高职院校"建设单位，广东农工商职业技术学院将"国际化"作为学校的特色项目重点打造,学校专门成立了外事工作领导小组,并出台了一系列相关政策。一是为了配合学校"走出去"工作任务的落地,针对专任教师英语水平普遍难以胜任海外授课的实际,2012年学校制订了"双语"教师培养政策,旨在提升教师的专业外语授课水平,增强教师的跨文化意识,出台了《广东农工商职业技术学院双语教学建设与管理办法》,严格考核,狠抓质量,目前学校已培养60多名"双语"教师,覆盖了学校所有的专业,有效地提高了师资队伍境外授课的效果,培养了适合国际化教学的"双语"师资队伍;二是按照广东省教育厅和外事办公室的相关要求,完善了《广东农工商职业技术学院公派出国(境)管理办法》,通过精神支持与物质保障两个维度,最大限度地调动教师海外授课的积极性;三是完善了《广东农工商职业技术学院外籍教师管理办法》,采取绩效管理方式提升了外籍教师的教学质量和学生的满意度。此外,随着国际学生的日趋增多,2019年出台了《广东农工商职业技术学院国际学生管理细则》,有效地降低了成本和风险,进一步彰显了学校的国际化办学成效,打造学校的内生优势,从而形成中国职业教育的品牌和影响力。

(四)拓展学生特色项目培育国际化人才,展现"走出去"的成果

学生交流是教育交流的基础,培养国际化高技能人才是学校一直坚守的初心。学校自2002年开展中英BTEC合作项目,已有17年国际化办学经验,学校的BTEC教育中心是目前大中华区办学规模最大、办学质量最好的中心,2017年被英方评为"大中华区示范中心",构建了以成果为导向、以学生为中心、持续改进的人才教育模式并辐射到其他专业,在高职院校课程国际化方面起到引领和示范作用。学校注重学生技能的培养和强化学生参与国际竞争的意识,学生在国际技能大赛中捷报

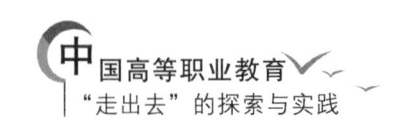

频传，共获得 8 项国际大赛奖励，其中 2017—2019 年连续三年学校学生获得"（新加坡）全球品牌策划大赛""金质奖""银质奖"和"最佳展示奖"，提升了学生的文化自信和国际影响力；近三年已招收来自"一带一路"沿线 25 个国家的国际学生 150 多人，开展了 5 场丰富多彩的国际学生艺术节和世界文化展演活动，增进了国际学生对中国的了解，促进了民心相通；学校开展德国 F＋U 实习项目已有 15 年，美国暑期带薪实习 12 年，培养了大批具有国际视野的高技能人才；2017年，广东农工商职业技术学院启动了马来西亚砂拉越科技大学学生互访项目，2018 年与泰国清迈职业学院等院校开展学生互换项目，增进了合作院校师生之间的友谊；与泰国"中国桥"有限公司开展"学生夏令营项目"，丰富了学校国际交流合作的内容。近三年来学校与泰国、马来西亚等国开展学生短期交换项目已达 12 项，互派学生 300 多人次，形成了良好的国际交流合作氛围，展示了学校"走出去"的国际化办学成果。

三、职业教育"走出去"的几点启示

（一）顶层设计：找准"走出去"办学定位

高职院校各有自身的特色，在实施"走出去"办学的过程中如何利用自身优势体现自身特色是首要考虑的问题。当前教育主管部门政策对"中外合作办学"等"引进来"有相关的规定，而有关"走出去"的法规，尚未有相关细则，尤其是针对职业教育"走出去"更是缺少相关的文件规定，加之"三公经费"对高职院校"走出去"办学相关人员出入境的限制也直接影响了合作项目的推进。因此，首先要加强顶层设计。国家层面应对高职院校"走出去"办学统筹规划，尽快出台"走出去"

办学的指导性政策，特别要明确职业教育"走出去"的战略定位，建立由教育主管部门、人力资源管理部门等多个部门共同参与的联动机制，形成职业教育"走出去"的合力，对"走出去"的高职院校给予政策和经费支持，从而提高高职院校"走出去"的主动性和积极性。当前《高等学校境外办学指南（试行）（2019年版）》的发行，对职业教育"走出去"指明了方向，但仍需要具体指导和实践。同时，应将高职院校国际学生的奖学金纳入"中国政府奖学金"范畴，吸引更多的国际学生来高职院校就读，学习中国先进的职业技能。同时应充分考虑职业教育教学的特殊性，放宽对国际学生顶岗实习的限制，简化教师"走出去"的各种手续审批流程和出国程序，可以考虑实施以项目为驱动的管理制度，使高职院校"走出去"更便捷、更高效。伴随着"一带一路"建设向纵深发展，高职院校在认真研究"一带一路"沿线国家的职业教育需求的同时，结合自身的情况，应充分认识服务国家"走出去"战略的重要性，找准"走出去"的战略定位，推动自身发展，不断提升中国职业教育的国际影响力。

（二）市场逻辑：健全校企协同"走出去"机制

中国企业在"走出去"的过程中，迫切需要了解"走出去"国家和地区的政治、经济、文化、教育情况，迫切需要匹配企业"走出去"的人力资源和相关的技术支撑，然而，校企双方信息不对称制约了高职院校伴随企业"走出去"的步伐，导致很多高职院校无法满足企业的需求。目前高职院校反映"走出去"难，缺乏"走出去"国家的相关信息和有效沟通。因此，必须健全校企协同"走出去"的机制，打造"一带一路"职业教育共同体。目前，广东轻工职业技术学院牵头成立了全国首个"一带一路"产教协同联盟，通过联盟搭建产教协同对话协商，帮助校企双方协同"走出去",搭建信息交互平台,寻求利益平衡点,完善利益分配机制,满足企业"走出去"过程中的多元诉求。因此,"走出去"企业要明确高职院校如何制定匹配的人才和技能方案,指导高职院校深化开展课程教学改革,共建匹配的专业结构、专业教学标准和培养模式。此外,高职院校也要理清自身"走出去"的发展思路、发展战略和发展路径,预判"走出去"可能会出现的各种风险,不盲目跟风,追求大而全的职业教育"走出去"模式,应精准施策,审慎选择适合自身的合作项目。

(三)内生诉求:构建"走出去"职业教育共同体

中国职业教育要实现"走出去",获得自身发展,不仅对内要精准把脉,还应问诊世界职业教育,在职业教育的全过程渗透国际化理念,交流互鉴,合作共赢,构建"走出去"职业教育共同体,助力"一带一路"建设,促进共同繁荣,为职业教育"走出去"奠定基础。首先,加强与"一带一路"沿线国家的政策沟通,保障职业教育顺畅"走出去"。中国—东盟边境职业教育联盟已开展了职业教育伴随企业"走出去"行动,在多个国家设立汉语文化中心、建设农作物优良品种试验站、开办各类培训学校等一系列交流活动,携手构建理念共通、繁荣共享、责任共担的职业教育命运共同体。因此,应搭建合作平台,开展沟通交流,疏通政策瓶颈,促进"一带一路"沿线国家的教育市场开放,为中方教师教学等提供法律保障。其次,中国职业院校应形成合力,"抱团"前行。中国职业教育"走出去"不是盲目自大,也不是空凭热情。中国职业教育"走出去"是中国所有职业院校的使命和责任,因此,中国职业院校应形成合力"抱团"前行,不断开拓创新,共商互鉴,与"一带一路"沿线国家一道聚焦经济社会发展需求,共同研究制定职业教育课程标准和行业企业技术标准，推进学分互认、课程互认、学历互认，实现市场从业标准的一体化，构建"走出去"职业教育共同体。

（四）体系保障：开拓"走出去"办学的资金渠道

高职院校"走出去"办学需要较多的经费支持，然而，目前高职院校"走出去"办学绝大部分依靠学校自身的资金，而"走出去"办学耗资巨大，如果仅靠高职院校的一己之力，很难保证合作项目能维持长期的良性运行。以广东农工商职业技术学院"走出去"为例，因为没有上级部门设立的专项资金，有些政策暂时无法突破，只能从学校自身现有的经费解决，给学校财政造成较大的压力。因此，职业教育"走出去"需要通过多种途径获取经费保障，以便减少"走出去"办学的风险。中央和地方政府应根据高职院校的切实需求，设立推动职业教育"走出去"的专项资金，主要用于开展职业教育的境外培训，服务企业"走出去"等助力职业教育"走出去"的合作项目，从服务"一带一路"倡议的专项资金中划拨出一块职业教育助力企业"走出去"基金。同时还要盘活中央和地方政府的职业教育经费、资金渠道，形成专项，向"走出去"的高职院校倾斜，开辟多方资金渠道，构建稳定的经费投入渠道，同时要充分利用社会资金，鼓励中国企业与高职院校合作，为"走出去"海外办学提供资金支持。

第二节　广东水利电力职业技术学院实践成果

广东水利电力职业技术学院着眼于"中国特色、世界水平"的双高建设任务，积极响应国家"一带一路"倡议，在理念融合、资源融合、技术融合、模式融合、文化融合方面开展了一系列探索，引领中国水电职业教育国际化进程，努力为"一带一路"国家水电行业职业教育提供中国方案。多年来，学校在开展国际化办学、制定国际标准、实施境外办学、招收来华国际生、打造国际交流合作平台等方面与"一带一路"沿线国家合作，努力打造体系完整、贯通融合、精准面向、开放办学的行业型职业教育国际化品牌，建设中国特色鲜明、教育水平优质、具有国际影响力的国内一流高职院校。至 2021 年，学校与合作外方院校联合开发专业教学标准 7 个，开发并被采用的课程标准数 5 个，国际化合作办学累计培养近 2000 名学生，在境外设立鲁班工坊、大禹学院、实训中心和职业教育培训中心共 9 个，共培养来华国际生 50 余人。

一、夯实国际化办学基础，打造中国水电职业教育国际标准

学校在引进外方优质教育资源的基础上，融入中国标准并衔接中外课程体系，共同开发精品共享课程资源，共同编写本土化教材，共同制定专业教学标准，促进了教师资源的整合，提升了人才培养质量。

2012 年，经广东省教育厅批准，学校与澳大利亚霍姆斯格兰政府理工学院合作办学，联合培养建筑设计技术等三个专业的双文凭专科学生；经广东省政府批准，学校与美国杰克逊学院于 2016 年联合设立广东省高职院校第一家非独立法人的中外合作办学机构——广东水利电力职业技术学院杰克逊国际学院，联合培养供用电技术等四个专业的双文凭专科学生。在引进国外合作高校优质教育资源的基础上，结合国内实际情况，学校与合作外方院校联合开发专业教学标准 7 个，开发并被采用的课程标准数 5 个，中外合作编写双语教材 10 本，实现中外课程体

系的衔接，促进教师资源的整合，提高教学效果。

二、理念融合

教育的本质是生命教育，其核心在于教育理念。多年的合作办学使学校能较好地融合中西方教育理念。学校发挥大湾区创新改革地缘优势，以及水电行业背景优势，吸收西方发达国家教育体制长处，坚持国家的教育方针，发扬中国传统家国人文情怀，融合西方鼓励个性发展理念，形成了国际学院主导，外方院校参与，语言教学与专业教学双轨运行，以学生为中心开放合作、共享发展的教学理念。

三、资源融合

学校立足水电行业特色，服务国家"一带一路"倡议，结合"一带一路"沿线国家的实际需求，输出中国水电职业教育优质资源。学校分别在印尼、柬埔寨及香港成立了印尼职业教育培训中心、实训基地，柬埔寨职业教育培训中心、实训基地，以及香港广安实训中心，在老挝成立了老挝鲁班学院。通过开展多种形式的产学研合作，实现资源融合、师资共享。

2018年5月，学校与印尼润珠工程公司签署产学研合作协议，在水运工程建设领域建立全面的产学研合作关系，组织品牌专业师生赴其在印尼的施工项目部进行学习交流活动。印尼明古鲁火电项目配套卸煤码头工程是由印尼润珠工程公司承建的一个电厂码头工程，包括净装机容量为 2×100MW 的燃煤电站、150kV 输变电线路、卸煤码头及相关设施。印尼产学研合作项目旨在协助印尼润珠工程公司现场项目部解决工程实施中遇到的工程问题，并与印尼润珠工程公司就东南亚地区的建港技术进行交流。在校企合作的框架下，我校师生参与项目施工组织设计的审查和重大工程专项施工方案的研讨，调查印度尼西亚明古鲁（2×100MW）燃煤火力发电厂工程所在地的潮汐、波浪等水文情况。通过产学研合作，学校为"一带一路"沿线国家水电企业的长远发展、提高企业的自主创新能力提供支持。

四、技术融合

学校发挥水电职业教育优势，配合中国水电企业走出去，服务国家"一带一路"倡议，通过"鲁班学院"等多元形式融合中国标准于"一带一路"沿线国家的实际需求，推动中国水电职教标准"走出去"。学校与广东水利水电第三工程有限公司成立"老挝鲁班学院"。学院六名学生在老挝水电建设项目中担任项目经理以及各类经营、生产、行政管理等技术骨干，成功完成了琅勃拉邦机场扩建等多个公共设施建设项目。其中，被称为老挝"长安街"的万象市2号路项目，获得了老挝国家一级劳动奖章，并得到了广东省政府的通报表彰。通过产学研合作，学校为"一带一路"沿线国家水电企业的长远发展提供了技术支持，促进传统产业改造和高新技术产业发展。

2020年，广东水利电力职业技术学院与坦桑尼亚阿鲁沙技术学院、创造太阳乌干达石油学院签署合作办学协议，共建广东水电－坦桑尼亚大禹学院和坦桑尼亚鲁班工坊。广东水电－坦桑尼亚大禹学院和鲁班工坊依托学校"双高建设"优势专业和优质教育教学资源，开发10门水电专业核心课程，搭建集国际教育教学、国际教育管理、国际教育大数据管理、富媒体移动学习为一体的境外办学服务平台，聚焦水利电力职业技能培训和学历教育，为坦桑尼亚及东非地区培养精通水电技术、了解中国文化的专业人才，向中交集团、中铁国际集团、葛洲坝集团等驻非洲中国水电企业输送技术技能人才，助力中国企业"走出去"。

五、模式融合

学校的国际化办学秉承"服务水院学子，成就国际人才"的理念，聚焦提质增效，服务大局。采取"双文凭"＋"双校园"＋"双教学"的"三双"水电类中外联合培养模式，包括"2＋1"双专科联合培养；"2＋1＋2"专本连读培养。鉴于高职学生入学学习基础较弱的特点，学校独创精细化项目管理机制。不断健全早读晚自习制度、月考制度、家校联系制度、教学管理例会制度、个人导师制度等专人负责、无界化合作的精细管理模式。对学生提出明确的要求及具体的指引，让学生既感受到人文关怀又备受激励。在双方教师的通力配合下，学生入学后的成绩有了显著的提高。融合中外先进理念和教学体系，联合培养具有专业素养、国际视野的高素质水电专业技术技能人才。

六、文化融合

(一) 开展双赢跨文化交流及研修项目

多年的合作办学促进了学校与外方院校的人文交流与互鉴交融。合作学校澳大利亚霍姆斯格兰政府理工学院每年派遣师生来校开展跨文化交流，项目受澳洲政府"Endeavour Foundation"资助。学校设计了以水电、建筑文化为主题的浸泡式学习交流，安排了具有专业特色的课程，如：智能电网、水文化知识、建筑结构计算等课程，让澳洲学生感悟中国文化，领略传统之美，体验工匠精神，感受行业魅力；同时也安

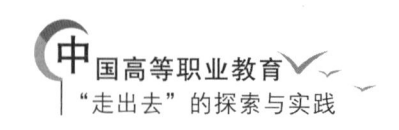

排了具有中国文化特色的课程，如：武术太极拳、国粹剪纸、传统茶艺等课程。中国高职高专网、《南方日报》等十余家新闻媒体对留学生课程项目进行了全程报道。学校派教师赴国外合作院校开展互访互学及研修，截至目前派出人数达 325 人次。有效提升了学校教师队伍的专业水平，开拓了国际视野。

（二）职教论坛及国际会议促进文化融合高水平发展

2017 年 10 月，学校召开中美高等职业教育论坛，旨在搭建高等职业教育国际化经验交流、信息共通平台，通过业内人士深入的沟通研讨，借此推动广东省高等职业教育国际化进程。广州电视台、广东广播电视台等多家媒体也对此次盛会进行了采访报道。2018 年，学校联合主办 Education＋世界职业教育大会。大会集国际峰会、产教融合论坛、德国专家教师研修和行业展览于一体，分享国际最佳实践经验，共同促进职业教育的蓬勃发展。大会以"全球眼光""世界视角"进一步推动和提升了中外职业院校、跨国公司、国际组织和机构的对外交流与合作。60 余家媒体对大会盛况进行多种角度的报道解读，200 家来自 12 个国家和地区的参展企业与职业院校分享职业教育的行业与院校的建设成果，6000 余名职业院校决策者与专业院校观众莅临现场参观交流。

（三）打造国际交流合作平台，成立华南"一带一路"职业教育水利电力联盟

2020 年 11 月 19 日，华南"一带一路"职业教育水利电力联盟成立大会在青岛举行，联盟由广东水利电力职业技术学院牵头发起，广东省教育厅作为指导单位，来自国内外院校、行业企业及教育机构的 80 多家单位的 200 多名专家代表出席会议。联盟由来自欧洲、非洲、大洋洲、中亚、东南亚等区域的"一带一路"沿线 16 个国家的院校、教育机构及华南地区水利电力院校和企业共同发起，按照自愿平等原则，结成非政府、非营利、非法人的开放性、国际性、跨界性职业教育合作联盟，致力于联结职业教育国际优质资源，制定水利电力国际标准，为世界提供中国水利电力职教方案，提升我国职业院校的办学水平和国际影响力。

七、经验启示

学校"一带一路"职业教育合作在促进教育教学改革、推进国际化人才培养、提升师资队伍水平、促进管理机制改革、打造国际交流综合平台、发挥示范辐射作用等方面发挥重要的作用。展望未来，学校将强化使命担当，助力构建"一带一路"教育共同体。

（一）培养水电国际化技术技能人才，推进"一带一路"职业教育共同繁荣

教育为国家富强、民族繁荣、人民幸福之本，在共建"一带一路"中具有基础性和先导性作用。教育交流为沿线各国民心相通架设桥梁，人才培养为沿线各国政策沟通、设施联通、贸易畅通、资金融通提供支撑。推进"一带一路"职业教育共同繁荣，既是加强与沿线各国职业院校互利合作的需要，也是推进中国职业教育改革发展的需要，学校应在力所能及的范围内承担更多责任义务，为"一带一路"职业教育发展培养更多合格的水电国际化技术人才。

（二）发挥水电行业优势，深化"一带一路"中非职业教育共同体建设

国家主席习近平在 2018 年中非合作论坛开幕式上提出，将在非洲

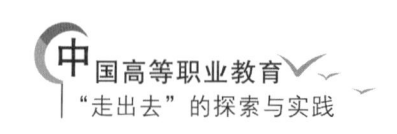

设立10个"鲁班工坊",向非洲青年提供职业技能培训。学校继续积极响应"一带一路"倡议,依托水利电力专业优势,进一步推进建设广东水电—坦桑尼亚大禹学院和坦桑尼亚鲁班工坊等境外办学点,面向当地水利电力行业开展职业技能培训,夯实与非洲国家职业院校和企业的国际合作交流。

(三)完善交流合作机制,推进华南"一带一路"职业教育水利电力联盟内涵建设

依托华南"一带一路"职业教育水利电力联盟,加强与一带一路沿线国家职业院校和水电企业的合作,打造"一带一路"学术交流平台,吸引国(境)外专家学者、青少年学术爱好者开展合作研究和学术交流。鼓励联合学校的水利电力品牌专业、优势专业开展与沿线国家的科研合作,打造水电行业特色交流合作平台。

第三节 广东建设职业技术学院实践成果

随着"一带一路"建设向更高水平、更广空间迈进,走出去的中国企业寻求更加广阔的发展空间。2015年底,以中国有色集团作为试点企业,以广东建设职业技术学院等8所院校为试点学校,在赞比亚(非洲)开展首批我国职业教育"走出去"试点。

该试点项目在赞比亚建成了中南部非洲最优质的职业技术学院——中国—赞比亚职业技术学院,开发了多个纳入赞比亚教学体系的专业教学标准，建设了当地一流、设备先进、资源丰富的图书馆和专业实训室，成立了海外学习中心和专门教授工业汉语的孔子课堂，取得了良好的社会效果。中赞职业技术学院为中赞及中非全面务实合作注入了新动力，为提高赞比亚职业教育水平和就业能力贡献了中国方案，充分呈现了中国推进职业教育发展的重大举措，展示了新时代新职教的发展前景。目前广东建设职业技术学院已探索形成"四位一体，八双育人"的境外办学模式，并计划参照该模式在"一带一路"沿线继续开展职业教育"走出去"建设。

一、办学历程

2015年，习近平主席出席中非合作论坛，提出"中非十大合作计划"，其中包括"设立一批区域职业教育中心和若干能力建设学院，为非洲培训20万名职业技术人才"。同年，教育部助力重点行业到国（境）外办学，开展职业教育"走出去"试点，探索与中国企业和产品"走出去"相配套的职业教育发展模式，此举在全国具有开创性和引领性意义。首批8所试点学校分别为广东建设职业技术学院、北京工业职业技术学院、哈尔滨职业技术学院、南京工业职业技术学院、湖南有色金属职业技术学院、陕西工业职业技术学院、白银矿冶职业技术学院等。2016年，首期职业培训在赞比亚启动；2019年，中赞职业技术学院正式揭牌成立，首批专科层次学历生入驻；目前在校学历学生已招收包括2019、2020、2021三个年级。

广东建设职业技术学院以"建海外分校、办特色专业"的办学理念建成中赞职业技术学院广建分院（"鲁班学院"），开设建筑技术等专业，建设建筑工程技术生产性实训基地（海外），充分发挥建筑类专业

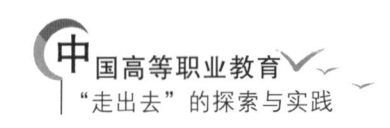

办学特色和优势，主动发掘和服务"走出去"企业需求，助力当地工业发展，促进中非人文交流，落实中非合作论坛任务，培养了一批中国企业海外生产经营急需的、具有国际视野、通晓国际规则的本土技术技能人才。

二、两大核心内涵

中赞职业技术学院是经赞比亚职教局批准、具有高职层次学历教育资质的独立教育机构。学历教育主要招收赞比亚优秀高中毕业生，培养技术人才；职业技能培训主要面向中国企业员工和社会人员，提高学员技能，满足企业或社会需求，帮助赞比亚发展生产力。经过办学实践与理论探索，广东建设职业技术学院结合当地教育特点及我国优秀职教资源，形成了"四位一体，八双育人"的境外办学模式。

"四位一体"包括两层含义。一是指"政、行、校、企"共同体，合作四方按照"政府引导、行业协调、企业主建、院校主教"的原则共商共建，其核心是建设境外校企命运共同体；二是指"产、教、研、服"综合体，涵盖了产业、教育、研究、服务四个领域。

"八双育人"是指从八个维度创新性地全方位育人。具体包括"职业培训＋学历教育"双形式、"线上＋线下"双平台、"学习＋生产"双路径、"本土＋中国"双地区、"主讲＋助教"双师资、"东道国＋中国"双标准、"培养人才＋发挥作用"双效果、"学员＋学徒"双轨道等。

三、五个主要举措

以高等学历教育和职业技能培训为基础，面向驻赞企业员工和赞比亚社会开展汉语教学，面向中国与赞比亚职业教育改革开展学术研究，从多维度提高境外办学质量。

（一）重视师资队伍建设，提升双语双师能力

办学以来，该院累计派出 10 余批次、30 余人次教师赴赞比亚开展教学与调研，招聘了本土通识及专业课教师，制定了完整的职业教育"走出去"师资计划，包括师资选拔、培训、激励、轮换及本土教师的培养等。该院重视教师双语能力的培养，与新西兰高校合作开展专业双语教学能力培训，与中国有色集团、赞比亚铜带省大学合作开展赞比亚本土英语培训和赞比亚当地文化培训，提升"走出去"教师的双语教学技能和本土适应能力，形成了"主讲＋助教"的团队教学组织形式和"本土＋中国"的师资队伍建设标准。

（二）深化产教融合，建设校企命运共同体

针对企业在生产经营中遇到的缺少本土技术技能型人才和管理人才的难题，该院与项目组团队协同开展专题调查，研究对策，从多方位、多角度将教学目标与企业需求相结合，以企业需求为导向实施人才培养。在深化产教融合、校企合作的同时，服务经济全球化和国际产能合作。累计参与开设 17 期企业员工技能培训班，涉及建筑、机电、计算机、汉语等多个专业，累计培养了当地学员 300 余名。该院开设的架子工培训，极大提高了赞比亚本土员工的技术水平，消除了安全隐患，被赞比亚学员评价为"简单、实用、易懂"。

（三）推动中国标准"走出去"，弥补当地空白

应依托海外分院，探索形成"技术标准引领职业标准、职业标准引领职业教育标准"的中国标准国际化实现路径。标准的推广应用，规范

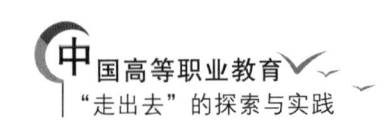

了生产操作，提高了企业效率，填补了当地标准空白，有力促进了当地生产与社会经济协调发展，厚植了中国企业文化与中国技术，为扩大企业和中国职业教育国际话语权、增强国家软实力做出了有益贡献。

（四）重视理论研究，及时总结经验

该院协同有色金属工业人才中心成立职业教育走出去研究中心，组织召开首次职业教育"走出去"试点工作研讨会、首次职业教育"走出去"试点工作教学管理研讨会及首次职业教育"走出去"课题研讨会等，培养了一批具有国际化水平的专业教师、管理人员和研究人员，形成了一批具有代表性的研究成果。

（五）传播中华文化，促进民心相通

融入中国元素开展专业技术和专业汉语教学，发扬鲁班工艺和中国工匠精神，在赞比亚培养认同中华优秀传统文化的技术技能人才，扩大中华文化和中国职业教育在非洲的影响，为培养心心相印的"一带一路"建设者、搭建民心相通的桥梁发挥了重要作用，为"走出去"企业提供了可靠的人力资源保障。

四、社会影响

"四位一体，八双育人"境外办学模式建设了校企命运共同体，积累了中国职业教育海外办学经验，其国内示范作用不断加强，国际积极影响逐步扩大。

广东建设职业技术学院确立了"当地离不开、业内都认同、国际可交流、模式可复制"的发展目标，办学成果得到赞比亚政府、当地人民、"走出去"企业的高度肯定，相关经验入选《2018年中国高等职业

教育质量年度报告》，并在《人民日报》《光明日报》《中国教育报》《南方日报》《中国建设报》、中国教育电视台等多家媒体报道。当地政府曾多次表示支持与感谢，伦古总统赞扬该项工作是一项利国利民的长远计划，职业教育管理局（TEVETA）局长曾亲自访问广东建院；教育部职成司曾专门调研和考察试点项目工作，对企业员工培训、留学生选派、中赞职业技术学院建设等工作提出了指导性意见；中国有色集团致《感谢信》给教育部，高度肯定广东建院的境外人才培养工作；广东省教育厅高度重视该项目建设，将其纳入《广东省教育厅关于推进共建"一带一路"教育行动计划（2018—2020年）》。

值得一提的是，由党中央批准、教育部组织编写、人民教育出版社出版的《习近平新时代中国特色社会主义思想学生读本》于2021年秋季学期在全国中小学投入使用，中国—赞比亚职业技术学院标志性照片入选小学高年级分册读本第一讲"伟大事业都始于梦想"。

广东建设职业技术学院全力参与的职业教育"走出去"试点项目已逐步成为境外办学的知名品牌，是中国职业教育境外办学的一张亮丽名片。相关办学经验已趋于成熟，未来将逐步扩大试点范围，在非洲的刚果、东南亚的印度尼西亚、中亚的哈萨克斯坦等国开展建设调研与实践探索，与世界各国共享职教"走出去"经验和成果。

第四节　深圳信息职业技术学院实践成果

深圳信息职业技术学院位于中国的南部海滨城市深圳，毗邻香港。

全市常住人口超过 2000 万，是中国改革开放的窗口和新兴移民城市，孕育出华为、中兴、腾讯、比亚迪、大疆等知名高科技企业，创造了举世瞩目的"深圳速度"，被誉为"中国硅谷"。在这座信息技术发达的城市，深圳信息技术学院是面向新一代信息技术的高水平高职院校之一，与深圳的产业发展同频共振。学校主动服务深圳新一代信息技术产业集群，做强、做优信息特色，开设人工智能、集成电路、物联网、云计算、大数据、现代移动通信等信息类为主的专业 50 个，构建了全中国最完备的电子信息类职业教育专业体系，拥有强大的办学实力。

深圳经济特区建立以来，职业教育与区域产业共生共长，为改革开放和地方经济社会发展提供了强有力的人才支撑。2019 年，中国政府要求深圳抓住粤港澳大湾区建设重要机遇，增强核心引擎功能，朝着建设中国特色先行示范区的方向前行，努力创建现代化强国的城市范例，深圳职业教育事业迎来新的发展机遇。为打造世界一流职业教育，服务国家战略和建设粤港澳大湾区，支持深圳建设中国特色先行示范区，教育部、广东省人民政府决定共同推进深圳职业教育高端发展，率先建立中国特色职业教育高质量发展模式，并提出《教育部、广东省人民政府关于推进深圳职业教育高端发展争创世界一流的实施意见》。从政策层面极大地促进了深圳职业教育的高端化、国际化发展。

高等教育与社会发展相适应，随着国际知识经济贸易日益频繁，中国和深圳越来越倚重大学这一"社会经济和产业服务站"从世界各地引进各级各类高层次人才，大学的国际化办学使命和要求愈发凸显：既需要通过积极拓展海外教育市场、大力吸引海外自费留学生、加快科研成果向外商品化输出等方式增强国际竞争力，也需要培养大量具有国际视野、掌握国际知识、精通国际事务、拥有跨文化沟通能力的国际性人才，以增进与各国的交流与合作。如何将国际化发展融入整个大学的教学、科研和社会服务之中？

一、国际化战略及实施路径

深圳信息职业技术学院的管理层充分认识到，要把推行国际化战略作为创建世界一流大学的重大举措，广泛借鉴国外一流大学和职业教育的成功经验，在立足深圳的前提下将国际化理念贯穿到人才培养、科学研究与社会及产业服务全过程，努力平衡国际化与本土化关系，上下协同贯彻国际化理念，扩大教学，科研与产业服务的国际交流，深化国际化产学研合作，实践和探索出一条极具本土特色的国际化办学模式和国际化战略实施路径：一方面，始终坚持开放合作与特色发展的办学理念，引领国际化办学的基本方向和实践走势；另一方面，在耦合政府、社会、企业和国际组织等多元力量的基础上，围绕组织管理、人才培养、科学研究、社会服务与质量评价等方面展开了卓有成效的国际化办学行动。基于"引进来"和"走出去"的开放式思想，营造开放办学环境；立足本土区域特色（深圳强大的新一代信息技术产业集群），面向世界发展；开展国际合作办学，推动双向共赢。

二、强化师资国际胜任力建设

作为教学和研究的主要驱动力，教师在学校的国际化进程中扮演着关键的角色。深圳信息职业技术学院学校一贯坚持以政策和机制，支持并确保学校教师有机会发展国际胜任力，并能最大限度地发挥其自身的国际化经验对学生学习的影响。与国（境）外高水平院校开展多边人才

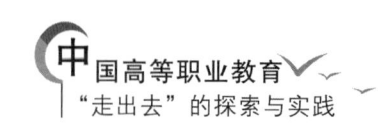

交流，以多种形式探索境外合作办学，共建科技研发平台、培训平台或实习就业平台等合作项目，并取得实效。通过开展校际、院际和专业层面的国际交流项目，推动本校优秀理念与文化的传播，加速对其他院校先进知识及技术的汲取。

一方面，建立具有竞争性与流动性的教师聘用制度。通过出台国际人才引入计划，广招具有海外留学背景和在新一代信息技术类企业工作经历的一流人才来校从事教学、科研与管理工作；同时加大在职教师的国际化培养力度，拓宽教师国际交流渠道，扩大教师参与国际培训、出国攻读学位、申报国际科研合作项目等与国际学界对话的机会。另一方面，提供行政机制和资金机制，支持教师参与外部项目。包括在国外教学、开展研究和出席会议。鼓励教师通过工作坊、研讨会和其他项目，建立国际胜任力，并在教学中融入国际化视角。

师资国际胜任力提升的渠道包括：一是实施海外职业教育代表计划。遴选访问学者派往海外学习锻炼，与深圳市驻海外经贸代表处、经贸联络处工作有机结合，推动海外职业教育培训中心建设；鼓励教师在国际组织中兼任职务，积极参与国际职教分工。二是实施 ICP 计划（International Connection Project）。充分利用学校聘任的具有海外名校教育背景的优秀师资，面向学生开设特色课程，将国际顶尖大学先进的教育理念、教学方法、课程内容引入专业教学；充分利用教师的国际学缘关系精准开拓与海外交流合作大学，开展合作科研、学生交流、引进外籍师资等；充分利用教师的国际视野打造一支国际化编外咨询队伍。

截至 2021 年，专任教师近千人中，50％教师具有博士学历，20％的教师具有海外学历，几乎所有授课教师都具有海外学习交流经历，保障了教学理念、教学内容与教学方式的国际化。目前，专任教师在国

（境）外专业性组织担任职务的有近50人；取得各类国际认可的职业资格证书或注册职业证书的教师近百人，其中20名教师通过考核获"澳大利亚TAE四级证书"（Certificate IV in Training and Assessment），30余名教师取得华为HCIE专家证书，另有ICT头部企业兼职教师近300人；学校现有的50个专业（major）均能组建英文授课教师团队，在一定程度上促进了教师国际胜任力的提升。

三、加强国际化课程、教学资源与平台建设

（一）加强设置与建设国际化课程

作为高等教育的核心目标，学生的学业是国际化的关键要素。加强国际课程设置与建设是大学国际化的重要内容之一。大学设置的国际化课程和联合培养课程要确保：（1）所有学生都接触到国际视角并建立全球胜任力；（2）课程和项目中的具体知识和技能，对应聚焦于全球化的学习成果；（3）课程和项目能够产出解决全球性问题的特殊知识和技能。细化到教学的不同维度，通识教育要求重视外语教学、区域研究和全球话题；（4）专业课程要求在各院系的专业课程中，融入国际视野和该领域的重要全球化问题；联合培养课程要求项目和活动注重解决全球化问题，强调课程的国际要素，促进不同背景的学生之间的讨论和互动，支持国际学生在校园中的融合和成材；（5）学习成果要求将国际胜任力纳入全体学生的学习目标和评估中；（6）技术层面要求通过创新的方式，使用技术加强全球化学习，比如与国外学生和教师的联合课程和互动。

此外，以国际合作办学为平台，引入了特色的核心课程、独特的培养模式，与德国TUV莱茵集团共建产业学院，并挂牌成立莱茵工业机

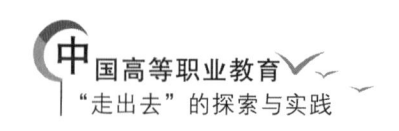

器人培训与考试中心；与德国史太白基金会、巴伐利亚州政府合作，与深圳市政府和深圳宝安区政府合作，共建"湾区中德教育与经济协同发展示范基地"，以国际先进技术转移为纽带，以校企合作育人为载体，创建"政府、产业、教学、科研、资本"等要素协同发展新模式，为产业转型升级发展提供国际产教融合服务和产业技术支持。与德国TUV莱茵集团共建产业学院，并挂牌成立莱茵工业机器人培训与考试中心。引进亚马逊、苹果、Google、甲骨文以及华为、腾讯、大疆等证书认证培训课程，推动实施中国教育部面向新一代信息技术产业的1+X证书的试点。

与香港都会大学合作，推动学分、学历、学位和技能等级互认互通。受到中央人民政府驻香港特别行政区联络办公室、深圳市委大湾区办、深圳市教育局等相关政府部门高度重视，相关机构出席签约仪式。国内外数十家媒体宣传报道。2021年10月26日《深圳市教育局关于支持深圳信息职业技术学院与香港都会大学合作的复函》意见认为，与香港都会大会在职业教育领域开展合作是推动粤港澳职业教育资历框架对接的重大突破，是推动学分、学历、学位和技能等级互认互通的重要举措，是《教育部、广东省人民政府关于推进深圳职业教育高端发展争创世界一流的实施意见》的重要内容，也是《深圳市推进粤港澳大湾区建设2021年工作重点》通知（深委大湾区〔2021〕1号）的重点任务。

（二）促进建设海外孪生实验室（Global Lab）

实验实训条件是职业院校不可或缺的办学基础。世界银行的研究成果表明，发达国家职业教育成本是普通教育的2.64倍，这巨大的开支主要是用在实训实习设备的投入上。在职业教育办得好的国家和地区，如德国、澳大利亚、新加坡等，都对学生的实训给予充分的关注，甚至从国家层面制定了各种政策和制度来保证企业的参与程度。海外办学特别是教育援外项目，实验实训条件往往难以得到保障，硬件的投入也是国际化办学的短板。

深圳信息职业技术学院协同深度合作的企业在海外协议机构构建远程孪生实验室。致力于为本地课程教学、项目教学、远程教学、实训和学术交流提供高效实践平台，为工程项目现场数据的实时远程分析与诊断提供技术方向；支持实现实验室教学资源的共享，合理配置教育资源，提高实验教学的伸缩性和适应性；支持开展远程培训与测试工作，为工程项目现场数据的远程分析提供途径。

一方面，依托华为技术有限公司在信息通信行业内的领先地位，在校内外建立华为ICT学院国际人才交流中心、全球公共实训基地、全球数字研究所，共同打造5G教学支撑平台。

另一方面，通过华为技术有限公司及华为海外代表处在海外捐助建设孪生实验室。所建的海外实验室与在本土校区的实验室配置和功能相同，即孪生配置，保障了远程教学、海外办学学生的实训条件问题，使海外学生可以同步在真实的或仿真的职业环境中，进行职业能力训练。

此外，海外孪生实验室配置了远程实验功能，特别是可以云端部署的实验环境，如华为HCIA、HCIP等证书培训实验，亚马逊AWS认证助力架构师认证培训，OS助理讲师认证培训，大数据分析、人工智能、Web应用开发等类型课程均可以通过远端开展，为海外教育项目可持续发展增加动力。

同时，持续推进建设远程虚拟实验室。基于计算机技术所形成的虚拟仪器（Virtual instrument，VI），不仅被广泛应用在科学研究领域，而且使得新型远程教育模式的实现成为可能。通过计算机网络系统，学

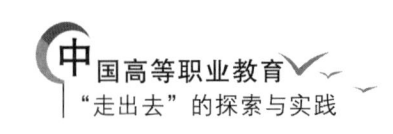

生将不受时空的限制，随时随地与同学协作，共享仪器设备，共享数据和计算资源，得到老师的远程指导。它在提高教学实验水平、实现教育资源共享和节约投资等方面具有重要意义。

（三）推进建设开放共享的国际课程资源

作为高等教育的核心目标，学生的学业是国际化的关键要素。加强国际课程设置与建设是大学国际化的重要内容之一。依托于学校雄厚的师资力量和丰富的教学资源，以及与海外学校、大学和教育机构的合作，学校以"互联网＋教育"的理念，开展课堂教学改革，促进了学校泛在、移动、个性化学习方式的形成，构建了开放、高效的教学模式。学校投资建设国际课程中心和课程资源涉及四个方面：

第一类，面向新一代信息技术产业和专业的教学资源库、网络教学平台、MOOC 平台、SPOC 平台课程资源。资源库共涵盖 4 个专业群、11 个专业（方向）、100 门课程，建成资源 17 万余条、微课约 500 门，惠及中国 34 个省市的教师、学生、企业用户、社会学习者。学校 Blackboard 共建设课程约 1000 门；MOOC 平台开设课程 125 门。

第二类，面向新一代信息技术产业的华为职业认证、企业数字化平台建设和企业运营服务数字化能力课程资源。共涵盖 5 种知识体系：（1）ICT 基础技能的课程体系，包括华为职业认证课程、华为云微认证课程，围绕华为职业认证体系，结合学校软件技术、计算机应用技术、电子商务、通信技术等专业进行双语课程资源开发，超过 30 门 ICT 技术双语课程资源包含英语教材、英语课件以及相关的作业和考试等；（2）企业数字化平台建设课程体系，包括 AI 质检场景课程，鸿蒙智能家居场景课程，鲲鹏应用迁移场景课程；（3）企业运营服务数字化能力课程体系，包括企业数字化运营服务能力课程、企业业务数字化流程建设课程、企业数字化基础设施建设课程、数字营销课程；（4）信息技术科普教育的知识体系，包括鲲鹏昇腾科普课程、科普教育课程、数字世界科普课程；（5）职业素养课程体系：通用职业素养课程、销售职业素养课程、行业知识课程体系。

第三类，联合国教科文组织面向新一代信息技术产业的双语国际网络课程资源。深圳信息职业技术学院与联合国教科文组织（深圳）高等教育创新中心共同发起"国际网络教育学院"（International Institute of Online Education，IIOE）项目，贡献精品英文课程资源，推动职教课程资源、课程体系和职教标准"走出去"，截至目前已启动建设100门并陆续交付上线，深圳信息职业技术学院由此获授联合国教科文组织突出贡献奖。

第四类，中文＋ICT技能课程资源。依托中国与巴基斯坦合作项目，基于已被业务所属国政府认可的云平台，建设用于支撑海外教学、国际学生教学的互联网＋职业教育国际合作平台系统、汉语技能培训中心、职业技能培训中心，涉及12大类近千条课程资源、证书培训资源、实训实践项目、企业实习项目等。

第五类，面向新一代信息技术类课程的直播课堂＋云平台国际共享课程。致力于"公共教育资源开放共享"，打造国际和本土教育相融合的特色国际教育课程，为学生提供走向全球优质教育的直通车。为境外办学的教学活动、境外培训，2021年至今起已面向印度尼西亚协议合作院校直播授课5门次，取得很好的课堂教学效果。下一步将探索在中巴ICT国际学院教学过程采纳直播授课。

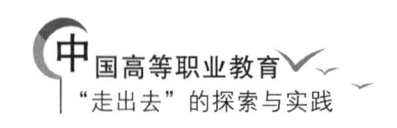

四、国际 ICT 学院建设

立足深圳本土区域特色（即，深圳发达的新一代信息技术产业特色和优势），面向世界发展特色化办学是世界一流大学在激烈的竞争中扩展生存与发展空间的必然选择，也是持续深入推进国际化战略的不竭动力。深圳信息职业技术学院充分依托其特定的地理位置、产业优势、技术优势、人才优势、市场经济等区位优势，较早确立了"植根深圳，面向全球，聚焦新一代信息技术"的国际化办学定位，保障了学校在众多职业教育院校中脱颖而出。

学校立足本土区域特色及产业优势，探索与深圳 ICT 领域高科技企业和在华著名跨国公司合作，建立高层次留学生联合培养基地——国际 ICT 学院。围绕建设国际数字人才培养和国际数字人才创新两大目标，打造（短期）来华留学重点项目和精品工程。以深化产教融合、校企合作为突破，以制度创新、高水平结构化教师队伍建设为保障，引进、培育一批双语卓越工程师团队；汇聚和建设一批国际课程资源、项目资源、企业资源，推进实施"中文＋职业技能"培训项目，集多方力量全力培养和认证高素质复合型新一代信息技术技能国际人才。实施路径如下：

第一，与华为技术有限公司共建华为 ICT 学院国际人才交流中心。重点围绕新一代信息通信技术千亿级产业集群，对接人工智能、5G、物联网、大数据等战略性新兴产业布局的专业，为华为全球生态链上下游企业输出人才，服务全球数字经济的高速发展。

第二，联合深圳大学向教育部中外语言交流合作中心申报共建"国际中文＋ICT 技术"教育实践与研究基地。构建"通识中文＋技能中文＋国际 1＋X 微技术证书"的培训体系，支持教育部国际中文教育改革，实施"中文＋技能"教育培训和技术微证书培训及认证。

第三，与世界技能组织赛事发展委员会合作建成国际培训中心光电技术分中心。国际培训中心是在世界技能组织支持和指导下，由世赛项目经理和世界技能组织全球行业合作伙伴参与的、面向全球职业技能教育机构和院校以及技能青年开放的国际技能教育平台。该分中心将分批面向全球免费开放专业技能培训系列网络课程，面向全球在光电技术等领域合作开展专业建设，共同进行专业标准、课程标准建设与输出；在约定的领域开展正式学位课程和专业进修课程方面的合作；提供教师交流和学生交流的机会，进行人才培养和师资培训；此外，也在与行业发展密切相关的领域开展教师间科研合作。

第四，创办海外职业教育中心。加快职业教育海外布局，聚焦新一代信息技术，主动参与世界职教分工，筹划在日本、德国等经济和教育发达国家，韩国、俄罗斯、中亚及东欧等经济和教育水平较高国家，东南亚地区，"一带一路"沿线和发展中国家建立海外分校或职业教育机构。探索特许经营、联合学位及课程衔接等多种方式联合办学。推动在中资企业海外市场的主要国家和地区布局职业教育培训中心，促进当地ICT人才培养、就业和产业发展。

第五，筹划与联合国开发计划署合作开展构建包容性减贫发展合作项目职业教育减贫项目。利用"构建包容性减贫发展合作"项目的良好国际交流与合作平台，充分发挥深圳的产业、技术及职业教育资源优势，加强与在职业教育领域具有先进发展经验的国家交流互鉴，实现优质资源的共享，探寻适合其他发展中国家实现减贫目标的职业教育模式，设立"职业教育减贫培训"子项目，为联合国可持续发展目标提供智力支持。

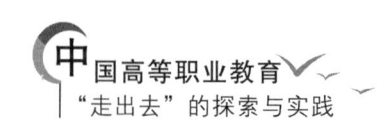

第五节　广州铁路职业技术学院实践成果

进入新时代，作为国民经济发展支柱和高铁"走出去"外交的亮丽名片，中国铁路迎来大发展的高光期。国家《中长期铁路网规划》提出：中国铁路营业里程在 2030 年将达到总规模 20 万公里，其中高铁 4.5 万公里，32 个省会（直辖）城市将全面实现高铁连通。伴随着"一带一路"倡议深入推进，中国高铁优势凸显，以"亚吉铁路"为代表的国际铁路项目正在整体输出中国管理、技术、标准和装备。"东中西"联动、"六廊六路"的发展态势和开放格局对高端国际化技术人才的培养提出更高要求。广州铁路职业技术学院（以下简称"广州铁职院"）"抢抓机遇、依托行业、立足广州、辐射全国、面向世界"，拓展了人才培养、技术研发与应用、师资培训交流、标准研制等国际合作领域，全面提升了学校国际化办学与人才培养的能力。

一、国际化办学机制：从单一主体转向多元主体协同育人

作为广东省唯一一所以培养轨道交通特有专业人才为主的全日制普通高等职业院校，广州铁职院于 2004 年 9 月由广州铁路（集团）公司（现中国铁路广州局集团有限公司）移交广州市政府组织，现为国家"双高计划"建设单位。学校积极克服脱离"母体企业"后面临政府单一提供教育资源的模式困境，积极回应多元资源办学和多元共治的需求，依托行业转制院校的天然优势，对接国家"一带一路"倡议和高铁

"走出去"战略，拓展了国际合作平台，进行了"一组一院一会一联盟"的国际化发展顶层设计，建立了"学校统筹管理、区域协同育人、校企合作培养、联盟共生共长"的国际化办学新格局，其办学成效受到了业内认可，获得了马来西亚《南阳商报》、"学习强国"和《中国教育报》等国内外媒体的报道。

"一组"是指设立校院两级国际合作教育工作领导小组，成立国际合作学院和"双高"国际化建设团队，成员涵盖机车车辆、运输物流、外语商贸、信息工程等二级学院，围绕"铁道供电技术"和"城市轨道交通运营管理"两大专业群，牢固树立"抓国际合作就是抓发展，抓好国际合作促发展"意识，使"服务高铁走出去"理念入脑入心，做到"双高建设"高质量，对外交流有特色、国内国际双循环。项目组实行周例会常态管理和经费统筹动态管理制。

"一院"是指共建"亚欧高铁合作学院"。借助广东独联体科技合作联盟等平台，联合俄罗斯国立交通大学、白俄罗斯国立交通大学、乌克兰国立技术大学等共建亚欧高铁合作学院。在共建协议框架下，就人才培养和检测认证等领域开展合作与交流，目前学校与白俄罗斯国立交通大学合作开办的铁道交通运营管理专业首批已招收69人，双方采取学分互认方式打通"3+2"五年贯通制人才培养，共同开发铁路信号安全等课程；在检测认证领域，依托白俄罗斯国立交通大学所具独联体国家轨道交通设备进口的检测鉴定资质，投资480万元与白俄罗斯国立交通大学、广东－独联体国际科技合作联盟和中车齐齐哈尔车辆有限公司合作共建"独联体国家轨道交通进口设备检测认证（中国）中心"，开展独联体国家进口我国轨道交通设备检测认证系统化技术和服务支持，各方将围绕轨道交通配套装备的寿命、可靠性检测等，开展检测认证和组

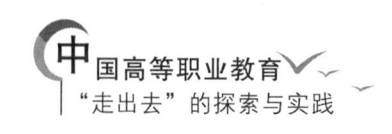

织认证培训。

"一会"是指实行"联合办学委员会"。学校与马来西亚拉曼大学学院铁道机车海外办学项目成立了校企联合办学委员会。通过制定《联合办学委员会章程》，落实主体办学职责，项目成员包括双方的国际合作学院院长、教务处处长、二级学院院长、专业负责人及联盟单位的项目专员等。同时设立委员会秘书事务处，实行责任人对接和月沟通机制。马方负责招生宣传、学生管理、日常运营、授课协助、汉语备考等；中方司职标准输出、教育教学、课程建设、校企合作、市场开发、学生注册等；联盟合作单位侧重市场开发、运营管理、项目运作、资源整合及对外沟通等。

"一联盟"是指组建华南"一带一路"轨道交通产教融合联盟。学校按照走出去、引进来双向原则，联合轨道交通职业院校、行业协会、骨干企业等，于2018年牵头组建华南"一带一路"轨道交通产教融合联盟，在联盟支持下建设轨道交通国际合作平台，组建亚欧高铁合作学院，培育东南亚职业教育中心，拓展高铁技能培训中心国际化服务项目。联盟现有中国铁路工程总公司、广东省铁道学会、白俄罗斯国立交通大学、马来西亚拉曼大学学院等180余家成员单位，形成了教育和产业、学校和企业之间"共建、共享、共生、共长"的校企合作格局与长效机制。

二、治理体系：由国内传统治理转向国际现代治理

制度决定效能，制度为效能奠基，效能则体现和彰显制度的优越性。大学治理能力和治理体系的高低，直接反映出大学治理制度实施的效能。为此，广州铁职院积极践行习近平总书记指出的"强化制度执行

力,加强制度执行的监督,切实将制度优势转化为治理效能",坚持用现代的治理思维、治理方法和治理技术实现学校的国际化治理效能:学校坚持一个核心(立德树人)、一个引领(党委领导)、三个抓手(行政、学术、民主)、三个支撑(教学、科研、社会服务),在治理体系和治理能力现代化上推陈出新。

学校按照新时代大学立德树人的根本任务,对留学生采取趋同培养,适时培养来华留学生的认同感和获得感,将中国传统文化、美育知识、劳动教育、铁路技能等嵌入留学生培养当中,组织老挝留学生参加第五届东盟留学生汉字听写大赛、"一带一路"暨金砖国家技能发展与技术创新大赛,分获团体优秀奖和三等奖。首届首批17名老挝学历留学生顺利毕业,9名老挝毕业生就职于中老铁路并成为骨干力量。学生李珂因为综合表现突出,被中老铁路有限公司分到高级班,并荣获全班一等奖学金。由于中老铁路老挝段已全线隧道贯通,中老铁路将于2021年底通车,届时该批留学生将用专业能力为中老共同体建设做贡献。

学校将党委统领作为治理体系的"至高点",坚持中国共产党全面领导,坚持"扎根中国,面向世界",将党的领导贯穿并渗透于学校国际化改革、建设和发展的各个方面,在国际化办学中形成了"党委领导、校长负责、教授治学、民主管理"的有效治理结构和对外合作制度安排。学校坚持"行政、学术、民主"三个抓手同时使力,出台《规章制度制定管理办法》,形成完整的"决策－制定－实施－监督－反馈"制度运行链;完善国际合作基本管理制度,出台《广州铁路职业技术学院中外合作办学项目管理办法(试行)》《广州铁路职业技术学院来华留学生奖学金管理办法(试行)》等,为国际化办学提供有力保障。

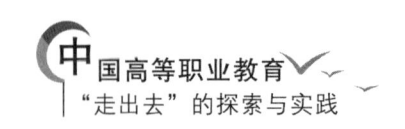

学校立足国际化教学、科研、社会服务三个支撑，通过党委统领力、学术治理力、行政执行力和民主参政力现代化，不断提升服务高铁"走出去"的教学力、研究力和服务力：一是携手中铁东方国际集团有限公司（以下简称"中铁"）和中国中车（马来西亚）有限公司（以下简称"中车"）等"走出去"企业，校企合作共建马来西亚轨道职业教育培训基地，为马来西亚学生实训就业提供机会；二是拓宽与独联体国家在技术创新等领域的合作。与乌克兰国立技术大学、乌克兰国家科学院控制学研究所等联合开展"铁路行业关键岗位人员疲劳度检测算法和系统研究"等课题研究，获得省市级课题立项 5 项；三是与"双一流"高校合作开展援外培训，携手为"一带一路"沿线国家培训人才。学校加入中国—东盟轨道交通教育培训联盟等，与西南交大承办了亚吉铁路 4 期培训；与北交大、西南交大承办 9 期培训，覆及泰国轨道交通运营管理人员、赞比亚铁路官员等 293 人；与中铁总、中铁建总、中国南车等重点企业联合开展 13 期铁路援外项目培训，惠及 482 人。

三、师资队伍：由单语闭门造车转向双语国际开放

自"双高计划"建设立项以来，广州铁职院针对双语师资不足、教法不强、教材不新等问题，实施与"三教"改革同步增长的"双语建设"工程，强推师资、教学和教材国际化。

（一）国际化师资——以跨文化沟通和双语授课为目标

一是加强教师赴境外访学、研修、培训制度。学校与白俄罗斯国立交通大学、菲律宾圣保罗大学等联合培养博士 18 名，选派访问学者 2 名，在埃塞俄比亚等国（境）外专业性组织担任职务的专任教师 11 人，

引进 16 名外籍教师讲授专业课程，获得省级"海外名师"立项 8 项；二是开展外语培训及双语课程建设。学校开展了为期 1 年的英语、俄语等外语培训，强推教授、博士参与双语课程建设，形成了 90 门双语课程建设方案，组织了全英教学研讨观摩比赛，锻炼了一批中青年双语师资队伍；三是加强国际学术交流。学校举办广东省"一带一路"联盟暨产教融合会议，参加中国－东盟职业教育国际论坛等国际会议 35 人次，发表会议论文 10 篇，促进轨道交通高等职业教育优秀成果的海外推介。

（二）国际化教学——从线下国际联动转向跨境"云端"教学

学校联合国内外优质院校和轨道交通企业，充分利用国家级轨道交通类专业资源库和精品在线开放课程，将线下授课国际联动改为跨境线上授课，跨境使用腾讯课堂、腾讯会议和智慧职教等线上教学平台，将国内优秀课程教学资源通过"云"端为马来西亚等海外办学项目以及中国－白俄罗斯"铁道交通运管管理专业"合作办学项目近百名学生开展全英线上教学，做到了国际线上教学与线下教学同质等价，受到留学生一致好评，教学满意度达到 100%。

（三）国际化教材——从单语固定式转向双语融媒体活页式

学校与深圳地铁国际投资咨询有限公司开展埃及斋月十日城"鲁班工坊"项目合作，针对当地铁路职业标准、工作过程及岗位需求，校企联合开发铁路活页式双语教材和工作手册，今年 4 月将联手为当地铁路员工开展面向乘务、票务、站务、行调、厂调等岗位的 24 门培训课程的全英授课，成了助推重点企业服务"一带一路"倡议、推进区域协同发展的先行者。为满足海外留学生学习汉语的需求，学校联合铁路行业、企业和合作院校等 30 余家单位，合作开发融 HSK 中国汉语考试和

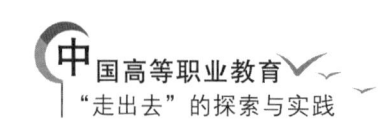

高铁情境于一体的《可视化高铁情境汉语》系列教材 5 本,为实现铁路知识教材的国际化奠基铺路。

四、人才培养:由区域技能人才转向国际产能合作急需人才

广州铁职院积极响应《"扩容、提质、强服务"三年行动计划(2019—2021 年)》提出的"支持职业院校扩大与'一带一路'沿线国家的职业教育机构合作,主动跟随优质产业或重点企业'走出去'",配合"中国企业面向当地员工开展技术技能培训和学历职业教育"的政策,在属地化人才培养上先行先试,走出了一条国际化特色创新之路。

第一,聚焦轨道交通高端产业,将"家国情怀"印记在学校的使命和愿景中,将"一带一路"倡议的认同感、归属感、责任感和使命感高度融汇在一起,将自身发展与国家利益紧密维系和高度统一。

第二,充分发挥学校粤港澳大湾区的区位优势、铁路办学特色和专业优势,瞄准"高铁走出去"国际产能合作的契机——马来西亚和中国大力推进的 140 多亿人民币的"南部铁路工程"和 850 多亿的人民币的"东部沿海铁路"项目,与拉曼大学学院、"中铁"和"中车"等行业巨头签署《谅解备忘录》,在两国政府的有力支持和马来西亚拉曼大学学院董事会主席、前交通部部长拿督斯里廖中莱的积极努力下,开展了校企合作属地化铁路人才培养。

第三,注重打造"铁路技能+标准输出"的项目合作模式,学校开展的中国-马来西亚海外办学、中国-白俄罗斯"3+2"中外合作办学、中国-老挝学历留学生等 5 个国际化人才培养项目,中国铁路工程总公司等企业的铁道供电、运营等 13 个员工培训项目,均依托铁路专业技能培养,积极与国内外优秀职教机构、中资企业等联合开展标准研

制与文化交流等。迄今已依托"一带一路"沿线综合资讯（广府文化主题）、联盟轨道交通在线教育等 4 个平台，输出《铁道概论》《信号基础设备维护》等 23 门课程标准、教学标准与教学课件。学校《中马校企双主体培育高铁人才海外办学项目》也因其可推广、复制的职教标准输出模式，入围教育部《中国－东盟双百职校强强合作旗舰计划》第三批"中国－东盟高职院校特色合作项目"，为培养国际产能合作急需人才贡献了中国智慧、经验和方案。

第六节 广州番禺职业技术学院实践成果

广州番禺职业技术学院于 1993 年筹建，1997 年 9 月由教育部正式批准备案，是全国首批、广州市属第一所公办全日制普通高等职业院校。学校积极贯彻落实国际化战略，探索和实践符合高等职业教育发展要求和学校发展实际的对外交流与合作模式。近年来，坚持优质教育资源"引进"和"输出"双向并举，与英国、美国、加拿大、芬兰、荷兰、意大利、新加坡、日本等发达国家高等院校，"一带一路"沿线国家及港澳台地区教育机构开展了形式多样的教育交流与合作。立足学校品牌优势专业，与加拿大北大西洋学院、英国伯明翰城市大学等开展多个中外合作办学项目，与日本十文字学园女子大学开展专－本－研联合培养项目。服务国际产能"走出去"，在泰国甘乍那披塞皇家金匠学院、巴基斯坦无限工程学院等设立学校珠宝学院海外分院，联合培养学历国际学生，输出专业标准和课程资源。依托学校特色专业，通过商务部

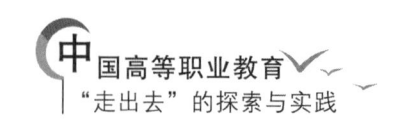

"丝路电商"云上大讲坛、老挝金融培训中心等开展海外职业技能培训，服务"一带一路"走出去企业。培养学生国际胜任力，与新加坡南洋理工学院、日本爱知文教大学等共建海外研习基地，并入选全国首批20个"中国—东盟高职院校特色合作项目"。打造国际化师资队伍，与芬兰坦佩雷共建中芬职业教育培训中心，为教师搭建学历晋升、海外进修访学培训平台，提升教师国际学术交流与国际教学水平。

一、服务国际产能"走出去"，多维度提升国际化办学水平

（一）构建国际产教融合新格局，组建特色珠宝海外分院

1. 构建背景

广州番禺珠宝产业有着四十多年的发展历史，早期是承接香港珠宝制造加工的前店后厂。2006年沙湾珠宝产业园与钻汇珠宝采购中心成为长期合作伙伴，将番禺打造成为世界珠宝制造、物流、信息交易中心。沙湾珠宝产业园闻名于世的珠宝加工品牌资源优势，结合钻汇珠宝采购中心一站式的采购平台，使得珠宝产业成为番禺区的支柱产业之一。为更好地服务当地产业经济，学校充分利用位于番禺区沙湾镇的地理位置优势，2001年创办珠宝首饰技术与管理专业，2005年成立珠宝学院，组建了一支教学水平高、科研和社会服务能力较强的专业教师队伍，建有功能齐全的珠宝首饰类专业校内生产性实训基地。学院秉承"以服务求支持，以贡献促发展"的理念，坚持走全面深入的产学研合作之路，在人才培养、科研开发以及社会服务方面均取得了突出成效，2014年荣获"全国职业教育先进单位"称号。2019年学校珠宝首饰技术与管理专业群成为国家级高职院校高水平专业群之一。

巴基斯坦盛产祖母绿宝石、泰国盛产红宝石和蓝宝石，后者更被誉

为世界有色宝石之都。全球80%以上的红蓝宝石在泰国设计加工,并通过泰国销往全球各地。作为"一带一路"两大宝石矿产大国,珠宝产业急需掌握珠宝设计、宝石切割、打磨手工艺、提高有色宝石品质热处理加工工艺核心技术的高级技能型国际人才。

2. 构建产教融合新格局,组建特色海外分院

无限工程学院是由RAVI−INFINITY基金支持建设的职业人才培养院校,是巴基斯坦首个获得并实施ISO29990标准认证的职业院校,主要提供工程与管理学科教育培训,专业涵盖质量控制、能源管理、材料测试和热处理等12大领域。2019年,学校何友义校长率团赴巴基斯坦对无限工程学院进行实地考察,双方签署了开展珠宝职业技能培训、互设教学实训基地、珠宝专业汉语培训等方面的合作协议。学校在巴基斯坦无限工程学院设立广州番禺职业技术学院珠宝分院,并举行了海外分院成立仪式。该海外分院将根据巴基斯坦珠宝产业发展需求,制订满足当地珠宝企业需求、为巴基斯坦合作院校所采纳、供国际珠宝行业借鉴的人才培养方案、专业及课程标准。

甘乍那披塞皇家金匠学院在泰国诗琳通公主倡议下,1995年由泰国教育部批准成立,并于2002年建了第2个分校。皇宫御品楼、皇家侍臣宿舍楼和沃拉阿古典大楼是该校三大教学楼,学校秉承培养人才、发展国家、培养技师、坚持自给自足的办学理念,着力培养符合国际标准的高质量皇家金匠人才和各级珠宝技师,办学优势突出、特色鲜明。2019年,何友义校长代表广州番禺职业技术学院与泰国曼谷职教中心、甘乍那披塞皇家金匠学院、北京唐风汉语教育科技有限公司代表签署了"互联网+中泰国际联合办学"框架协议,四方共同开展职业教育跨国办学、学术科研、师生交流、学历教育等国际教育合作。2021年,我

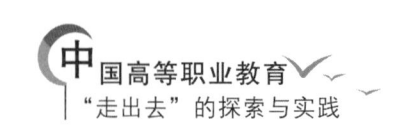

校联手曼谷职教中心及甘乍那披塞皇家金匠学院共建中泰珠宝学院海外院。该海外分院的建立，更好地推动了高等职业教育服务"一带一路"产能合作，"走出去"扩大了我校国际影响力。

（二）对接国际产能人才需求，联合培养全日制学历国际学生

经过对"一带一路"沿线国家产能人才需求充分调研，学校面向泰国、老挝等合作院校，招收珠宝首饰技术与管理、国际金融、大数据与会计、物流管理专业学历国际学生，开展全日制学历教育联合培养项目。2019年学校联合泰国甘乍那披塞皇家金匠学院等"一带一路"沿线国家合作院校开拓创新"2+1"培养模式，"中文＋职业技能"并举并重，开发国际专业标准与课程体系；多措并举提高职业技能教学水平；多渠道、全方位加深双方的合作力度，扩大对行企业的社会服务功能，构建育人体系，不断探索与"一带一路"沿线国家职业教育合作的新路径。

（三）服务国际产能"走出去"，建设海外职业技能培训中心

1. 承接海外企业员工技能培训，助力"国际产能"人才培养

为满足巴基斯坦珠宝企业对技能人才素质的要求，无限工程学院邀请学校珠宝学院在巴基斯坦建设珠宝职业技能海外培训中心，对当地珠宝企业一线员工开展技术技能培训。2019年，学校珠宝学院派出专任教师孟子渊、马春宇等一行赴巴基斯坦开展为期两周的首饰CAD课程培训。50多名来自巴基斯坦珠宝企业的技术工人参加了这一期培训课程，并获得了职业技能培训合格证书。学校珠宝职业技能海外培训中心的建设，对培养巴基斯坦珠宝产业急需的技术技能型人才、对拉合尔珠宝产业乃至整个巴基斯坦珠宝产业的繁荣发展具有重要意义，是学校服

务"一带一路"沿线国家产能合作的又一国际教育交流合作实践，对实现中巴优质教育资源共享、促进中巴职业教育领域的交流与合作具有重要的意义。

应老挝中华总商会邀请，学校财经学院院长带队赴老挝首都万象进行国际合作交流。2019年，学校与老挝中华总商会签署合作协议，共建支持老挝企业人才培养需求的金融培训中心。在中老双方项目工作人员的见证下举行"广州番禺职业技术学院金融培训中心（老挝）"授牌仪式，并颁发金融培训中心第一批培训专家和顾问聘书。随后，学校王心如博士在老挝金融培训中心举办"一带一路背景下人民币国际化问题"主题讲座，商会成员企业的六十余名管理人员和员工参加了此次培训，反响热烈。金融培训中心（老挝）的建设是学校助力"一带一路"沿线国家金融行业发展的重要社会服务平台之一。

2. 突破疫情限制，参与商务部"丝路电商"线上技能培训

跨境电商是发展速度极快、潜力极大、带动作用极强的外贸新业态，2021年中国跨境电商出口交易量达到1.97万亿人民币。跨境电商等新业态新模式是我国外贸发展的有生力量，也是国际贸易发展的重要趋势。全球疫情形势和贸易环境仍复杂多变的情况下，跨境电商依托"云端购买"，显示出爆发式增长能力，已成为外贸发展的新动能、转型升级的新渠道和高质量发展的新抓手，是外贸高质量发展的必争之地。培养跨境电商技能型从业人员，是亚洲、非洲、南美洲国家参与到外贸新业态这一新商业模式的关键。2020—2021年，学校跨境电商专业教师莫川川应中国国际电子商务中心邀请，面向非洲、南美等国家和地区开展"丝路电商"能力建设云上大讲堂系列培训讲座。2020年莫川川老师用英文讲授跨境电商运营管理实操技能——《速卖通注册、选品与

营销》课程，分别从注册、认证、规则、选品、营销策略的角度，对跨境电商速卖通平台运营管理进行了多维度讲解。2021年，莫川川老师在线上面向来自智利、巴西、阿根廷、巴拿马、哥伦比亚五国300多名大使馆官员、商会及企业代表，开展题为"海外产品出口中国的主流电商平台及运营特点解析"的跨境电商技能培训讲座。此次培训是由商务部电子商务和信息化司主办，中国国际电子商务中心承办的"丝路电商"能力建设云上大讲堂拉美专场的第一讲，受到了商务部电商司长骞芳莉的肯定。

"丝路电商"能力建设云上大讲堂拉美专场是落实我国与拉美地区伙伴国签署的电子商务合作谅解备忘录、务实推动跨境电子商务合作的重要举措。该系列讲座于2021年1月26日至2月6日期间在线举办，邀请我国电子商务领域专家学者、企业代表和专业讲师直播授课，内容涵盖拉美地区农特产品电商品牌打造、直播电商、数字营销、我国海关跨境电商进口监管政策等内容，并就通过电子商务拓展中国及国际市场进行交流。学校莫川川老师在疫情期间培训海外企业跨境电商人才累计达838人次，展示了学校教师响应"走出去"战略，积极服务国际产能合作的风采。

（四）服务国际产能"走出去"，搭建学生海外顶岗实习平台

日本制造业历史悠久，其汽车工业可以追溯到一百年以前。丰田汽车公司作为世界十大汽车公司之一，自2008起成为全世界排行第一位的汽车生产厂商。此外，丰田企业较高的教育水平和完善的企业人才培训体系同样令人称赞，对新参加公司工作的人员，有计划地实施主业教育，把他们培养成为具有独立工作本领的人。这种企业文化，可以使公司员工逐步增加知识储备，提高综合素质。从而培养出高水平的学习型人才。这一点与学校"一技之长＋综合素质"的校训不谋而合。

新加坡是亚洲发达国家之一，是世界第三大国际金融中心，也是亚洲重要的服务和航运中心之一。作为新加坡第一机场，樟宜机场可谓是新加坡的世界之窗，实习生可以直观感受多元文化的碰撞和学习专业的服务行业知识。

然而，上述两个经济发达国家都存在劳动力不足的现状。2018年学校开展海外顶岗实习项目，在学生自愿的基础上，选派部分学生赴日本、新加坡参加顶岗实习项目，为学生搭建海外顶岗实习平台，为学生未来职业生涯奠定良好基础。项目具体亮点如下：

1. 采用"2＋1"学制培养方法

学生在校学习两年，不打破原有专业设置和教学安排，一年级和二年级在校期间可以在日常教学中穿插部分与海外实习、就业相关联的内容，自三年级起学生在公司的安排下陆续赴日本技能实习（就业）和赴新加坡实习工作。

2. 实习岗位专业对口

推荐学生赴海外实习遵循专业对口原则，推荐汽车检测与技术专业学生参与日本丰田企业实习面试，英文较好的学生赴新加坡樟宜机场销售部门实习。

3. 工作待遇较好

学生在日技能实习一年以后或在新加坡工作两年后，返回学校办理各项手续并领取毕业证。实习期间成绩优异学生将有机会入职广州丰田公司或申请赴日就业签证，工资起点会高于一般高职毕业生。

2018－2019年间学校分别选派两批次优秀大二、大三学生赴日本丰田及旗下子公司进行时长半年、一年或两年的顶岗实习。自项目启动以来，我校汽车检测与维修、商务日语、商务英语、旅游管理等专业选派优秀学生到日本丰田汽配公司、雷克萨斯汽车公司、物流公司以及酒店和新加坡樟宜机场参加为期半年以上的顶岗实习，其中2018年首批海外顶岗实习学生10人，2019年第二批海外顶岗实习学生32人，合计42人。我校两批赴日、新海外顶岗实习学生均已顺利完成实习任务，表现得到日本、新加坡企业主管好评。在长达半年以上的实习工作中，部分学生日语交流能力得到较大提升，并选择毕业后赴日本继续深造或到中国日资企业工作。专业知识方面，学生在企业岗位实践中，熟悉海外企业的运作模式，体验海外企业文化，从而提高自身"外语＋技术"实践操作能力，培养工匠精神，成为具备国际胜任力的技术技能型外语人才。

二、"走出去"国际化办学特色与成效

学校以2019年入选"双高计划"建设项目（B档，全国前30强）为契机，本着"实在、激情、乐业、和谐"的精神，以国家级、省级高职院校高水平专业群为抓手，立足学校珠宝首饰技术与管理、国际金融、物流管理、跨境电商等国家级、省级特色专业，对接"一带一路"国际产能需求，多渠道助推高等职业教育"走出去"，多维度提升学校国际化办学水平。

经过多年的深耕，截至2022年3月，我校珠宝首饰技术与管理等4个专业标准，珠宝玉石鉴定、贵金属首饰材料、钻石分级、宝玉石加工等16门课程标准被海外合作院校所采纳。学校在专业国际化建设、学生国际胜任力培养、师资队伍、校园文化国际化建设等方面取得实效，

先后入围"全国高职院校国际影响力 50 强""亚太职业院校影响力 50 强""中泰职业教育国际合作贡献奖""中国职业院校世界竞争力 50 强",形成了较高的国际知名度和美誉度。

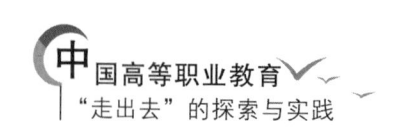

结 语

高等职业教育"走出去"发展是时代的潮流,"一带一路"倡议既为中国高等职业教育"走出去"带来了发展机遇,也带来了众多挑战。2021年,中共中央办公厅、国务院办公厅印发了《关于推动现代职业教育高质量发展的意见》,推动职业教育走出去。"十四五"期间,中国高等职业教育将在提升中外合作办学水平、拓展中外合作交流平台、推动职业教育走出去三个方面发力,打造中国特色职业教育品牌。办好一批示范性中外合作办学机构和项目,加强与国际高水平职业教育机构和组织合作,开展学术研究、标准研制、人员交流。在"留学中国"项目、中国政府奖学金项目中设置职业教育类别,拓展中外合作交流平台。全方位践行世界技能组织2025战略,加强与联合国教科文组织等国际和地区组织的合作。鼓励开放大学建设海外学习中心,推进职业教育涉外行业组织建设,实施职业学校教师教学创新团队、高技能领军人才和产业紧缺人才境外培训计划。积极承办国际职业教育大会,办好办实中国—东盟教育交流周,形成一批教育交流、技能交流和人文交流的品牌。探索"中文+职业技能"的国际化发展模式,服务国际产能合作，推动职业学校跟随中国企业走出去，完善"鲁班工坊"建设标准，拓展办学内涵，对标国际上高水平的职业技术教育标杆。加强与国际先进职业技术教育国家的交流，推动人才培养模式、教育教学方式和教学内容变革，以开放合作提升中国高等职业教育"走出去"办学水平，走出一条具有中国特色的高等职业教育"走出去"的新路子。

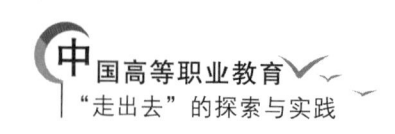

参考文献

一、文件报告类

[1] 国务院.关于印发国家职业教育改革实施方案的通知（国发〔2019〕4号）[Z]. 2019.

[2] 国务院.关于推进国际产能和装备制造合作的指导意见（国发〔2015〕30号）[Z]. 2015.

[3] 国务院.关于加快发展现代职业教育的决定（国发〔2014〕19号）[Z]. 2014.

[4] 国务院办公厅.国务院办公厅关于深化产教融合的若干意见（国办发〔2017〕95号）[Z]. 2017.

[5] 中共中央办公厅、国务院办公厅.关于加强和改进中外人文交流工作的若干意见[Z]. 2017.

[6] 教育部等九部门.关于印发《职业教育提质培优行动计划（2020—2023年）》的通知（教职成〔2020〕7号）[Z]. 2020.

[7] 教育部.高等职业教育创新发展行动计划（2015—2018年）

（教职成〔2015〕9号）[Z]. 2015.

[8] 教育部、财政部. 关于实施中国特色高水平高职学校和专业建设计划的意见（教职成〔2019〕5号）[Z]. 2019.

[9] 教育部. 关于印发《推进共建"一带一路"教育行动》的通知（教外〔2016〕46号）[Z]. 2016.

二、著作类

[1] 汤晓军. 中国高等职业教育国际化现状研究[M]. 苏州：苏州大学出版社，2021：66.

[2] 彭薇. 区域高等职业教育国际化理论与实践研究[M]. 长春：吉林大学出版社，2020：3-4.

[3] 李子云. 中国高等职业教育国际化[M]. 北京：北京工业大学出版社，2019：189.

[4] 付红，聂明华，徐田柏. 中国高等职教育国际化的风险及对策研究[M]. 北京：人民出版社，2015：79-80.

[5] 任君庆. 宁波高等职业教育国际化研究[M]. 杭州：浙江大学出版社，2018.

[6] 上海市教育科学研究院，麦可思研究院. 2017中国高等职业教育质量年度报告[M]. 北京：高等教育出版社，2017.

[7] 上海市教育科学研究院，麦可思研究院. 2018中国高等职业教育质量年度报告[M]. 北京：高等教育出版社，2018.

[8] 上海市教育科学研究院，麦可思研究院. 2019中国高等职业教育质量年度报告[M]. 北京：高等教育出版社，2019.

[9]〔加〕简·奈特. 激流中的高等教育：国际化变革与发展[M].

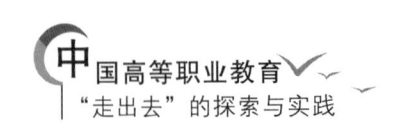

刘东风，陈巧云，译. 北京：北京大学出版社，2011.

[10]〔美〕欧文·拉兹洛. 系统、结构和经验［M］. 上海：上海译文出版社，1987.

三、论文类

[1] 黄华华. 我国高职院校国际交流与合作研究［D］. 长春：东北师范大学博士论文，2010-11-28.

[2] 刘晓亮. 地方高校教育国际化问题研究［D］. 长春：东北师范大学博士论文，2015-4-18.

[3] 高鹏. 美国高等教育国际化的历程研究［D］. 长春：吉林大学博士论文，2015-12-30.

[4] 何新哲. 我国高职院校中外合作办学五年制教育模式研究［D］. 上海：华东师范大学博士论文，2018-3-23.

[5] 袁琳. 德国高等教育国际化发展研究［D］. 重庆：西南大学博士论文，2011-2-22.

[6] 张红玉. 高等教育国际化的趋势和问题——上海外国语大学国际化的现状和进程［D］. 上海：上海外国语大学硕士论文，2010-6-29.

[7] 袁倩. 澳大利亚高等职业教育国际化发展研究［D］. 南宁：南宁师范大学硕士论文，2019-12-5.

[8] 黄海力. 高职院校中外合作办学项目的品牌经营和管理［D］. 北京：首都经济贸易大学硕士论文，2008-10-22.

[9] 姜维. "一带一路"背景下我国职业教育国际化发展研究［D］. 武汉：湖北工业大学硕士论文，2018-3-8.

[10] 葛道凯. 职业教育在服务社会发展中提质增效［J］. 中国职业

技术教育，2021（12）：21-26.

[11] 熊建辉，高瑜，王振等. 新时代职业教育国际化发展战略与创新路思考（下）[J]. 中国职业技术教育，2019（36）：5-16.

[12] 姬玉明. 关于我国高职教育国际化现状的思考[J]. 教育与职业，2015（10）：107-109.

[13] 余姗姗，何少庆."双高计划"背景下高职院校国际化发展的导向、问题与对策[J]. 教育与职业，2020（10）：33-39.

[14] 凌镜."一带一路"背景下高职教育输出助推经济国际化的若干思考[J]. 教育与职业，2019（1）：38-42.

[15] 莫玉婉."走出去"办学：高职院校国际化发展路径简论[J]. 职业技术教育，2016，37（1）：13-17.

[16] 宿莉，吕红. 高职院校国际影响力：特征与对策——基于近三年"国际影响力50强"高职院校的质量年报数据可视化分析[J]. 中国职业技术教育，2020（30）：48-54.

[17] 张慧波."双高"建设背景下高职学校国际化发展策略[J]. 教育与职业，2019（21）：47-51.

[18] 唐现文，吉文林. 新时期高职教育国际化：形势、对策与评价[J]. 教育与职业，2019（7）：44-51.

[19] 蒋旋新，中国现代职业教育体系国际化发展与本土化研究[J]. 中国职业技术教育，2011（24）：19-20.

[20] 张彩娟，张棉好."一带一路"战略下职业院校协同企业走出去路径探究[J]. 职业教育研究，2018（1）.

[21] 唐佩，肖坤. 我国职业教育国际化的时代之需、进展之实与发展之势[J]. 职教论坛，2020（3）.

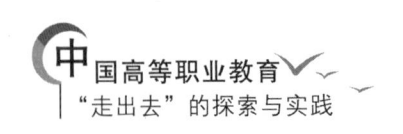

[22] 刘建国，赵丽霞."一带一路"倡议下职业教育"走出去"的探索与实践［J］.哈尔滨职业技术学院学报，2018（3）.

[23] 余姗姗，何少庆."双高计划"背景下高职院校国际化发展的导向、问题与对策［J］.教育与职业，2020（5）.

[24] 陈慧."一带一路"倡议下职业教育"走出去"的实践探索——以广东农工商职业技术学院为例［J］.广东农工商职业技术学院学报，2020（5）.

[25] 杨剑静，陈明昆."一带一路"倡议下高职教育"走出去"的矛盾及其缓解［J］.现代教育管理，2019（4）.

[26] 姜浩天，陈明昆."一带一路"背景下高等继续教育"走出去"及其路径研究［J］.职教通讯，2019（1）.

[27] 唐锡海，袁倩.本土化视域下的中国职业教育"走出去"［J］.当代职业教育，2018（9）.

[28] 蓝洁，唐锡海.职业教育模式的国际适应性［J］.中国职业技术教育，2016（12）.

[29] 张慧波，祝蕾."一带一路"倡议下高职院校"走出去"的实践探索与思考——以宁波职业技术学院为例［J］.职教论坛，2018（2）.

[30] 王屹，王忠昌."一带一路"视域下职业院校伴随企业"走出去"的多向度探究［J］.职业技术教育，2017（6）.

[31] 何新哲，石伟平."一带一路"背景下中等职业教育"走出去"办学的实践探索与启示［J］.现代教育管理，2018（5）.

[32] 冯宝晶."一带一路"视角下我国职业教育国际化发展的理念与路径［J］.中国职业技术教育，2016（8）.

[33] 孙翠香，林静.美国高等职业教育：现状、特点与启示［J］.

职业技术教育，2015（6）.

[34] 李玉静."一带一路"倡议下中国职业教育走出去的战略选择[J].职业技术教育，2017（9）.

[35] 普女女.试论美国高等职业教育国际化[J].科教导刊（上旬刊），2011（1）.

[36] 聂名华.英国高等教育国际化发展特征与启示[J].学术论坛，2011（11）.

[37] 段太勇，李佑成，方丽华.英国高等职业教育的特点及其启示[J].成人教育，2009（3）.

[38] 郑亚莉，刘仿强，魏吉."双高计划"背景下高职院校国际化水平提升的路径研究[J].职教论坛，2020（10）.

[39] 蒋旋新.中国现代职业教育体系国际化发展与本土化研究[J].中国职业技术教育，2011（8）.

[40] 李健.基于"双高计划"的我国高职院校教育国际化问题与对策[J].天津中德应用技术大学学报，2020（8）.

[41] 李欢，林克松."一带一路"倡议下高职院校"走出去"的多重治理逻辑[J].职业技术教育，2018（7）.

[42] 叶飘."一带一路"倡议下的"走出去"办学：鲁班工坊的实践与启示[J].高等职业教育探索，2019（6）.

[43] 熊建辉，高瑜，王振，袁勇.新时代职业教育国际化发展战略与创新路径思考（下）[J].中国职业技术教育，2019（12）.

[44] 王琪.高职院校服务企业"走出去"的现状、问题与优化策略[J].职业教育下（下旬刊），2020（9）.

[45] 李长波，王阳.中国职业教育走出去的时代选择[J].神州学

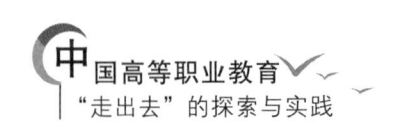

人，2021（11）.

［46］张妍."一带一路"倡议下高职院校留学生教育路径选择［J］. 北京劳动保障职业学院学报，2018（9）.

［47］朱伟才，李东航. 标准内化培养大国工匠 校企协同服务"一带一路"［J］. 中国高等教育，2018（4）.

［48］兰春."一带一路"倡议下高职院校国际交流合作的态势与推进策略［J］. 高等职业教育（天津职业大学学报），2018（8）.

［49］孙维夫，刘旭东."一带一路"背景下高职院校国际化人才培养研究［J］. 淮海工学院学报（人文社会科学版），2019（4）.

［50］蔡慧. 高职院校国际化发展策略的探析——以常州机电职业技术学院为例［J］. 九江职业技术学院学报，2016（9）.

［51］杨延. 天津职业教育海外输出模式探索［J］. 天津市教科院学报，2016（10）.

［52］黄新. 后发展高职院校特色化建设的实践与探索——以柳州城市职业学院为例［J］. 文化学刊，2017（3）.

［53］卞平原，周红."一带一路"战略视角下我国高职教育发展存在的问题及对策研究［J］. 时代金融，2017（8）.

［54］瞿亚森. 论新形势下的高职国际化人才定位与培养目标［J］. 苏州市职业大学学报，2017（12）.

［55］宋颖."一带一路"倡议视域下我国高职教育国际化发展路径初探——以郑州铁路职业技术学院为例［J］. 湖北开放职业学院学报，2019（8）.

［56］刘海燕."一带一路"视角下职业教育国际化发展路径研究［J］. 改革与开放，2019（12）.

[57] 林红梅, 薛胜男. "交通强国"战略下国家优质校国际交流合作探索与实践——以广州铁路职业技术学院为例 [J]. 郑州铁路职业技术学院学报, 2021 (6).

[58] 刘宏宇, 吴焱岷, 丁锦箫. 高职教育发展的机遇、挑战与策略——以服务"一带一路"倡议为例 [J]. 教育教学论坛, 2021 (6).

[59] 张明. "一带一路"背景下高职教育服务企业"走出去"的机遇与挑战 [J]. 科教导刊（上旬刊）, 2019 (9).

[60] 刁玲武. "一带一路"战略下广东高职教师队伍建设探究 [J]. 学园, 2017 (2).

[61] 周磊. "一带一路"视角下高职教育国际化的机遇和挑战 [J]. 宁波开放大学学报, 2021 (9).

[62] 邱远. 发达国家职业教育的模式及其启示 [J]. 九江职业技术学院学报, 2008 (9).

[63] 黄永林. 英国高等教育国际化的动因、特点及其启示 [J]. 国家教育行政学院学报, 2006 (2).

[64] 苗青, 金波, 齐天赐. 英国高等教育国际化及其对我国的启示 [J]. 黑龙江高教研究, 2021 (3).

[65] 杨华, 楼嘉军. 我国职业教育国际化发展的三重路径 [J]. 实验技术与管理, 2021 (4).

[66] 张晓娟, 彭霞. 职业教育优质资源走出去模式探究 [J]. 科教导刊, 2021 (10).

[67] 王坤平, 任俊帆. "一带一路"背景下中国文化"走出去"面临的挑战 [J]. 长沙大学学报, 2017 (7).

[68] 康卉党, 杰蒋涛. "双高"背景下高职教育国际化探究 [J].

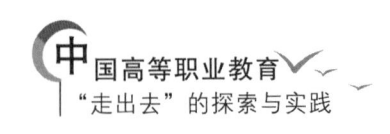

教育与职业，2021（3）．

[69] 查英，庞学光．职业教育服务"一带一路"建设的逻辑理路、实践困境及改革策略——以"鲁班工坊"建设为例［J］．职教论坛，2021（10）．

[70] 唐正玲．面向"一带一路"沿线国家高职教育教学标准输出实践研究与展望——以浙江省高职院校为例［J］．职业技术教育，2020（6）．

[71] 曾仙乐，赵鹏飞，陈光荣．四位一体，八双育人：新时代中国职教的创新与共享——广东建设职业技术学院境外办学析例［J］．世界教育信息，2020（12）．

[72] 卢丽虹，李品丁，赖泽帆，陈锦君，田佳鑫．"一带一路"视域下高职水利电力人才培养路径研究［J］．世界教育信息，2020-12-10．

[73] Schneider U，Krause M．Woll C．2007．Vocational Education and Training in Germany［EB/OL］．［2014-12-08］http：//www.cedefop europa．eu/trainingvillage．gr．

四、报纸类

[1] 胡解旺．高职院校走稳国际化之路［N］．中国教育报，2018-01-02（009）．

[2] 许树森．"走出去"，职教应与企业同行［N］．光明日报，2017-02-16（014）．